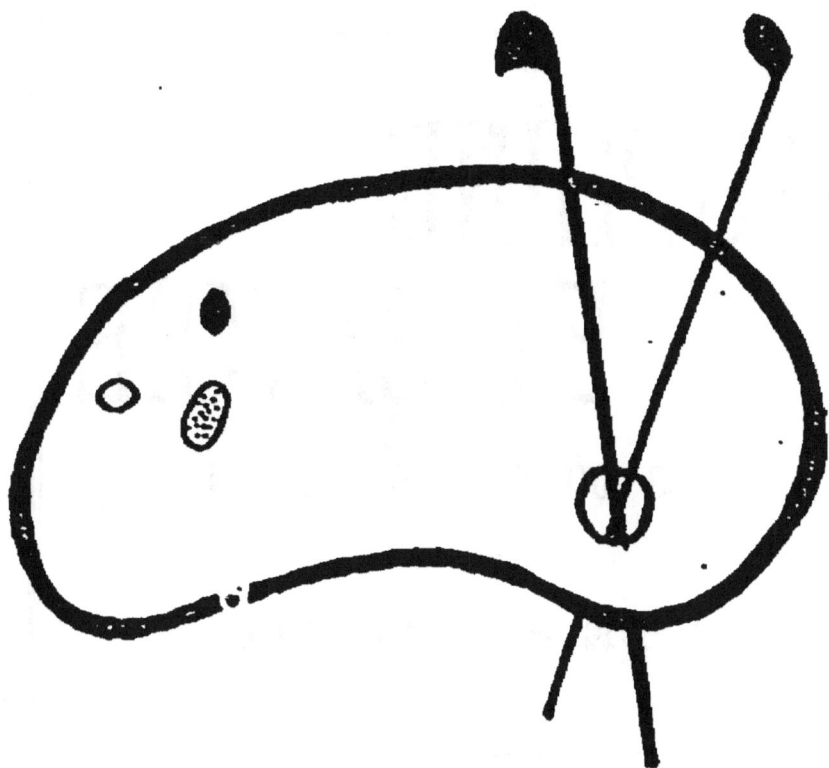

DEBUT D'UNE SERIE DE DOCUMENTS
EN COULEUR

GUIDES VÉLOCIPÉDIQUES

RÉGIONAUX

DAUPHINÉ ET SAVOIE

RIVES DU LAC DE GENÈVE

PAR

A. DE BARONCELLI

Prix: 2 francs

PARIS

tous les Libraires et Fabricants de Vélocipèdes

TABLE DES PRINCIPALES LOCALITÉS

Les hôtels précédés d'un astérisque sont particulièrement recommandés aux touristes cyclistes.

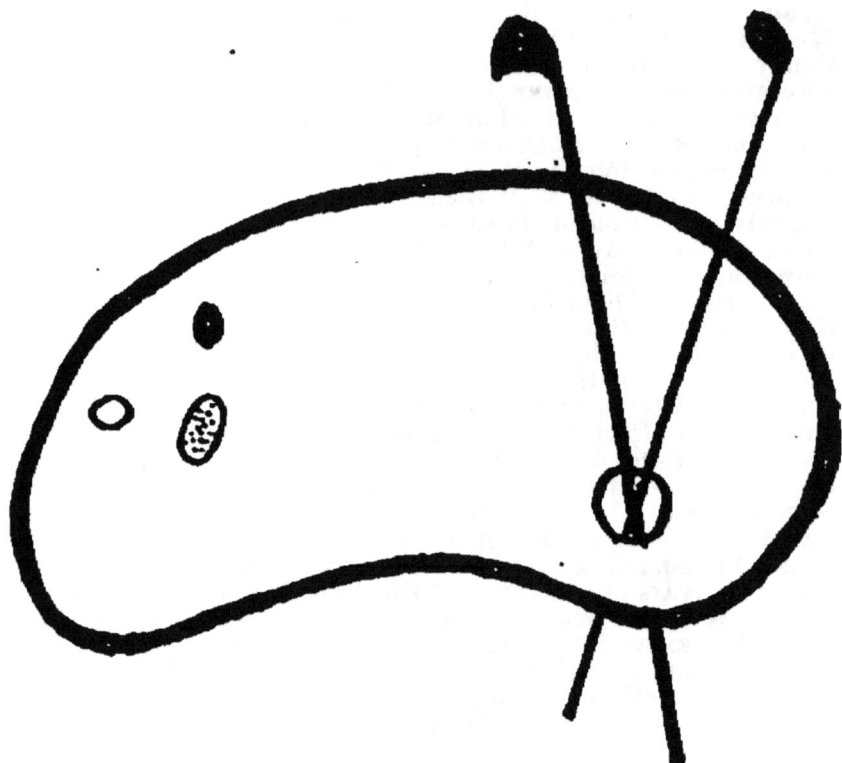

FIN D'UNE SERIE DE DOCUMENTS
EN COULEUR

GUIDES VÉLOCIPÉDIQUES

RÉGIONAUX

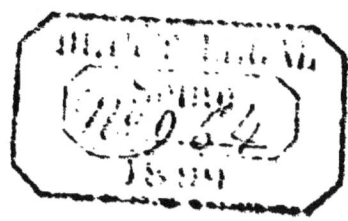

DAUPHINÉ ET SAVOIE

RIVES DU LAC DE GENÈVE

PAR

A. DE BARONCELLI

Prix : 2 francs

PARIS
—
Chez tous les Libraires et Fabricants de Vélocipèdes

GUIDES BARONCELLI

LES ENVIRONS DE PARIS, détaillés dans un rayon de 140 kilomètres, avec l'Itinéraire abrégé de la France, indiquant les voies vélocipédiques les plus directes pour se rendre de Paris à tous les Chef-Lieux de Département et d'Arrondissement, Stations thermales et balnéaires, ainsi qu'à Londres, Bruxelles, Genève, Gênes et Turin, 16ᵉ édition....... **5 fr.** »

LA FRANCE, guide routier à l'usage des cyclistes et de la locomotion automobile, indicateur des distances avec annotations, contenant la nomenclature générale des routes qui relient tous les Chefs-Lieux de Département et d'Arrondissement, nouvelle édition **5 fr.** »

L'AUVERGNE ET LES CAUSSES DES CÉVENNES........................... **2 fr.** »

LE DAUPHINÉ ET LA SAVOIE, rives du lac de Genève........................... **2 fr.** »

LA BRETAGNE, plages bretonnes, 2ᵉ édit. **2 fr.** »

LES VOSGES, région française des lacs et des stations thermales................ **1 fr. 75**

LA NORMANDIE, plages normandes, 2ᵉ édit. **1 fr. 75**

LA TOURAINE, châteaux des bords de la Loire, 2ᵉ édition........................ **1 fr.** »

En préparation :

LA PROVENCE, stations d'hiver du littoral méditerranéen.

LA VENDÉE ET LA CHARENTE, plages de l'Océan.

LES PYRÉNÉES, de Bayonne à Perpignan.

LES ARDENNES, vallée de la Meuse.

LE MORVAN.

PRÉFACE

Ayant souvent constaté combien de cyclistes, à la veille d'entreprendre une excursion un peu prolongée, sont embarrassés sur le choix du voyage et pour en établir d'avance les étapes, nous pensons pouvoir leur être utile en publiant un itinéraire spécial pour chacune des principales régions les plus intéressantes de la France.

C'est dans cette intention que nous présentons aujourd'hui, aux touristes cyclistes, le guide du **Dauphiné et de la Savoie**, le sixième de la série que nous comptons faire paraître.

Afin de rendre nos itinéraires accessibles en venant les rejoindre de n'importe quelle direction, nous les avons tracés circulaires, de telle sorte qu'en prenant pour point de départ une des villes quelconques de l'itinéraire, on puisse revenir à cette ville tout en ayant parcouru l'excursion entière et visité les curiosités les plus importantes de la région.

Toutefois, voulant rendre l'ouvrage très portatif, nous nous sommes bornés à donner la description

de la route au point de vue purement vélocipédique, à l'indication exacte des distances séparant
les localités, au bon choix des hôtels (toujours se
présenter avec notre guide) et au partage qui nous
à paru le plus rationnel des étapes journalières.

Quant aux longueurs des côtes et des espaces
pavés, nous adopterons, pour les mesurer, le temps
de marche nécessaire à franchir ces passages à
pied, à raison d'environ 4 ou 5 kilomètres à l'heure,
aussi exprimerons-nous leur durée en minutes et
en heures.

Néanmoins, beaucoup de cyclistes, légèrement
chargés, pourront gravir en machine plusieurs
des rampes ainsi mentionnées ; le renseignement
du temps pour les monter à pied s'adressant particulièrement aux touristes non entrainés.

Pour l'historique des villes et les promenades à
faire dans celles-ci, nous conseillons aux cyclistes
de se munir du Guide Joanne ou du Guide Conty,
correspondant à la partie visitée du Dauphiné et
de la Savoie.

Le touriste, préférant bien voir en détail et sans
fatigue, désirant séjourner quelques heures dans
les localités qui offrent de l'intérêt et conserver de
son excursion un souvenir durable, suivra à la
lettre nos étapes ; cependant s'il se sent de force,
rien ne l'empêchera de les doubler, mais nous ne
saurions l'y engager à moins qu'il veuille se con-
tenter d'impressions fugitives, résultat inévitable
d'un voyage fait trop à la hâte.

PLAN DU VOYAGE

Lyon, Bourgoin, La Tour-du-Pin, le Lac de Paladru,
Le Pont-de-Beauvoisin,
le Lac d'Aiguebelette, Novalaise, Chevelu,
le Lac du Bourget, Aix-les-Bains,
Chambéry, Les Échelles, Saint-Laurent-du-Pont,
La Grande Chartreuse,
Le Sappey, Grenoble, Les Grottes de Sassenage,
Les Gorges d'Engins, Le Villard-de-Lans,
Les Gorges de la Bourne,
La Balme-de-Rencurel, Saint-Martin-en-Vercors,
Les Grands-Goulets, Pont-en-Royans,
Choranche-les-Bains, La Balme-de-Rencurel,
Romeyère, La Gorge et la Cascade de la Drevenne,
Saint-Gervais, Veurey, Grenoble.
Le Pont-de-Claix, Vif, Le Monestier-de-Clermont,
Clelles, La Croix-Haute,
Veynes, Gap, Corps, La Mure, Vizille.
Ou Grenoble, Le Pont-de-Claix, Vizille,
Uriage-les-Bains, Gières,
Goncelin, Allevard-les-Bains, Détrier, Chamousset,
Saint-Pierre-d'Albigny.

Ou Grenoble, Gières, Uriage-les-Bains, Vizille,
Le Bourg-d'Oisans, La Grave, Le Lautaret,
Le Galibier, Valloire, Saint-Michel-de-Maurienne,
Saint-Jean-de-Maurienne, La Chambre,
Épierre, Chamousset, Saint-Pierre-d'Albigny,
Le Châtelard, La Grotte de Banges,
Le Pont de l'Abime, Balmont, Annecy, Faverges,
Flumet, Saint-Gervais-les-Bains,
Chamonix,
Sallanches, Cluses, Bonneville, Genève.
Ou Chamonix, Valorcine, Le Châtelard, Finhaut,
Les Gorges du Trège, Salvan, Vernayaz,
Les Gorges du Trient, La Cascade de Pissevache,
Saint-Maurice, Bex, Aigle,
Villeneuve, le Lac de Genève, Montreux,
Vevey, Lausanne, Genève;
Ou Saint-Maurice, Le Bouveret, Saint-Gingolph,
Evian-les-Bains, Thonon, Genève.
Saint-Julien, Le Pont de la Caille, Annecy,
Les Gorges du Fier, Rumilly,
Vallières, Le Val du Fier, Culoz, Virieu-le-Grand,
Ambérieu,
La Grotte de la Balme, Pont-de-Chéruy, Lyon.

———

(Pour ce voyage, consulter la Carte Dauphiné-Savoie, à la fin du volume, et les feuilles de la Carte de France du Ministère de la Guerre, au 200.000°, portant les n°ᵒˢ 48, 49, 53, 54 et 60.)

———

Nota. — Le cycliste venant de Paris se rendra à Lyon, soit par le chemin de fer (57 fr. 35 ; 38 fr. 70 ; 25 fr. 25), soit par la route. Dans ce dernier cas il devra suivre l'un des deux itinéraires ci-dessous de **Paris à Lyon**, dont les descriptions plus détaillées se trouvent dans notre *Guide routier de la France*.

A. — Par la Bourgogne : **512** kil.

Par **Charenton-le-Pont(2)**, Villeneuve-Saint-Georges (**10**), Montgeron (**3** — Hôt. de la *Chasse*), Lieusaint (**11**), **Melun** (**13** — Hôt. du *Grand-Monarque*), **Le Châtelet-en-Brie (11**), Panfou (**9**), Montereau (**11** — Hôt. du *Grand-Monarque*), Villeneuve-la-Guyard (**12** — Hôt. du *Commerce*), **Pont-sur-Yonne** (**12** — Hôt. de l'*Écu*), **Sens** (**12** — Hôt. de l'*Écu*), **Villeneuve-sur-Yonne** (**11** — Hôt. du *Dauphin*), **Joigny** (**10** — Hôt. du *Duc-de-Bourgogne*), La Roche (**7**), **Briénon** (**11** — Hôt. *Saint-Nicolas*), **Saint-Florentin** (**8** — Hôt. de la *Porte-Dilo*), **Flogny** (**13** — Hôt. *Chevrin*), **Tonnerre** (**15** — Hôt. du *Lion-d'Or*), Lezinnes (**10**), **Ancy-le-Franc** (**8** — Hôt. de la *Poste*), Nuits-sous-Ravière (**10**), Aisy-sur-Armançon (**6**), **Montbard** (**11** — Hôt de l'*Écu*), Les Laumes (**15** — Hôt. de la *Gare*), **Vitteaux** (**18** — Hôt. de l'*Écu*), **Sombernon** (**18** — Hôt du *Lion-d'Or*), Pont-de-Pany (**10**), Plombières (**15**), **Dijon** (**5** — Hôt. de la *Galère*), La Baraque-Chambertin (**12**), **Nuits** (**11** — Hôt. de la *Croix-Blanche*), **Beaune** (**15** — Hôt. de la *Poste*), Puligny (**10**), **Chagny** (**5** — Hôt. du *Commerce*), **Châlon-sur-Saône** (**16** — Hôt. du *Chevreull*), Varenne-le-Grand (**8**), **Sennecey-le-Grand** (**10** — Hôt. *Perrier*), **Tournus** (**10** — Hôt. du *Sauvage*), Fleureville (**11**), **Mâcon** (**16** — Hôt. du *Sauvage*), Crèches (**8** — Hôt. *Desmurget*), Saint-Jean-l'Ardières (**15**), Saint-Georges-de-Rencins (**7** — Hôt. *Collier*), **Villefranche-sur-Saône** (**9** — Hôt. de l'*Europe*), **Anse** (**7** — Hôt. du *Lion-d'Or*), **Limonest** (**12** — Hôt. *Burny*) et **Lyon** (**11** — Hôt. des *Négociants ; de Russie*).

B. — PAR LE BOURBONNAIS : **454** KIL.

Par **Melun (39)**, **Fontainebleau (18** — Hôt. du *Cadran-Bleu*), Bourron (**7**), **Nemours (9** — Hôt. de l'*Écu-de-France*), Souppes (**11** — Hôt. du *Mouton*), Fontenay-sur-Loing (**8**), **Montargis (14** — Hôt. de la *Poste*), Nogent-sur-Vernisson (**17** — Hôt. de la *Gare*), La Bussière (**12**), **Briare (12** — Hôt. de la *Poste*), Bonny-sur-Loire (**12**, — Hôt. *Delapierre*), **Neuvy-sur-Loire (5** — Hôt. *Saint-Nicolas*), La Celle-sur-Loire (**7**), **Cosne (7** — Hôt. du *Grand-Cerf*), **Pouilly-sur-Loire (15** — Hôt. de l'*Écu*), **La Charité-sur-Loire (13** — Hôt. du *Grand-Monarque*), **Pougues-les-Eaux (13** — Hôt. de *France*), **Nevers (12** — Hôt. de l'*Europe*), Imphy (**12** — Hôt. des *Usines*), Saint-Ouen (**6**), **Decize (16** — Hôt. des *Voyageurs*), Devay (**7**), Saint-Hilaire (**10**), Cronat (**7**), Lesme (**7**), Saint-Aubin (**11**), Gilly (**5**), Saint-Aignan (**9**), **Digoin (9** — Hôt. des *Diligences*), Saint-Yan (**8**), Saint-Didier (**11**), Oyé (**7**), Varcilles (**7**), **La Clayette (5** — Hôt. du *Nord*), Chauffailles (**12** — Hôt. de la *Poste*), Propières (**8**), **Lamure (17** — Hôt. *Chaumont*), Chamelet (**10**), Les Ifs (**9**), Chessy (**6**), Lozanne (**6**), Civrieux (**4**), Champagne (**8**) et **Lyon (6**).

CONSEILS PRATIQUES

On trouve, en tête de notre *Guide routier de la France* les renseignements généraux concernant la façon la plus pratique, selon nous, de voyager à bicyclette et de s'équiper. Nous rappellerons seulement, ici, que pour parcourir les régions montagneuses du Dauphiné et de la Savoie, il est absolument indispensable de munir sa machine d'un frein. Il sera même prudent d'en avoir deux : le premier, appliqué à la roue de devant, et le second, à la roue d'arrière, celui-ci pouvant rester bloqué à volonté (genre des freins *Péchard, Masson, Carlont*). Avec deux freins, on descendra agréablement toute côte en évitant les inconvénients du *traînage de fagot*.

Quant aux bandages, de bons caoutchoucs creux (genre du *Touriste* de la maison *Torrilhon*) seront toujours préférables aux pneumatiques pour pouvoir se servir sans crainte des freins et s'engager sur des routes de montagnes, souvent éloignées des centres où il serait possible de se faire réparer.

DURÉE DU VOYAGE

En trente-quatre jours, si on suit à la lettre l'itinéraire entier selon la *Division du temps* indiquée à la page X ; en trente jours, si on supprime les itinéraires facultatifs des 15e, 16e, 17e et 18e jours ; ou en vingt-sept jours, si on néglige encore les itinéraires facultatifs des 12e, 13e et 14e jours.

Le touriste disposant de moins de temps gagnera trois jours en se rendant directement de Chamonix à Genève, par Sallanches et Bonneville, sans passer par Vernayaz et les rives du lac de Genève.

Le trajet de Grenoble à Saint-Pierre-d'Albigny est augmenté de deux jours en passant par Bourg-d'Oisans, Le Lautaret et Saint-Michel-de-Maurienne.

DIVISION DU TEMPS

1er Jour. — Visite de la ville de Lyon. Dans la matinée, parcours des principaux quartiers ; dans la journée, excursion à Fourvière. Dîner et coucher à Lyon.

2e Jour. — Continuation de la visite de la ville de Lyon. Dans la matinée, la Croix Rousse, le parc de la Tête-d'Or, les Broteaux et la Guillotière ; dans la journée, excursion à l'île Barbe et au tombeau de Castellane. Dîner et coucher à Lyon.

3e Jour. — Départ de Lyon. Déjeuner à Saint-Bonnet-de-Mure. Dîner et coucher à La Tour-du-Pin.

4e Jour. — Départ de La Tour-du-Pin. Déjeuner aux Abrets. Arrivée à Aiguebelette. Promenade dans les environs de l'hôtel, au village et sur les bords du lac. Dîner et coucher à Aiguebelette.

5e Jour. — Départ d'Aiguebelette. Déjeuner au col du Chevelu, à l'hôtel de la *Dent-du-Chat*. Lac du Bourget. Dîner et coucher à Aix-les-Bains. Soirée au Cercle ou à la Villa des Fleurs.

6e Jour. — Dans la matinée, visite de la ville d'Aix-les-Bains. Déjeuner à Aix-les-Bains. Dans la journée, ascension du mont Revard par le chemin de fer à crémaillère. Dîner au mont Revard ou à Aix-les-Bains. Coucher à Aix-les-Bains.

7e Jour. — Dans la matinée, visite de la cascade de Grésy et des gorges du Sierroz. Déjeuner à Aix-les-Bains. Dans la journée, tour du lac du Bourget en bateau à vapeur, visite de l'abbaye de Hautecombe et de l'embouchure du canal de Savières. Dîner et coucher à Aix-les-Bains.

8e Jour. — Départ d'Aix-les-Bains. Établissement thermal de Marlioz. Déjeuner à Chambéry, visite de la ville de Chambéry. Promenade à pied aux Charmettes. Dîner et coucher à Chambéry.

9e Jour. — Départ de Chambéry. Passage à la cascade de Couz. Visite des grottes des Echelles. Déjeuner aux Echelles. Dîner et coucher au couvent de la Grande Chartreuse.

10e Jour. — Dans la matinée, visite du couvent de la Grande Chartreuse. Déjeuner à La Diat. Passage du col de Porte. Dîner et coucher à Grenoble.

11e Jour. — Visite de la ville de Grenoble. Déjeuner, dîner et coucher à Grenoble.

12e Jour (*facultatif*). — Départ de Grenoble. Arrivée à Sassenage. Visite des grottes. Départ de Sassenage après le déjeuner. Dîner et coucher au Villard-de-Lans.

13e Jour (*facultatif*). — Départ du Villard-de-Lans. Déjeuner aux Grands-Goulets. Dîner et coucher à Choranche-les-Bains.

14e Jour (*facultatif*). — Départ de Choranche-les-Bains. Déjeuner à La Balme-de-Rencurel. Dîner et coucher à Grenoble.

15e Jour (*facultatif*). — Départ de Grenoble. Déjeuner à Vif. Dîner et coucher à Clelles.

16e Jour (*facultatif*). — Départ de Clelles. Déjeuner à Luz-la-Croix-Haute ou à Saint-Julien-en-Beauchêne. Dîner et coucher à Gap.

17e Jour (*facultatif*). — Départ de Gap. Déjeuner aux Baraques. Dîner et coucher à Corps.

18e Jour (*facultatif*). — Départ de Corps. Déjeuner à La Mure. Dîner et coucher à Vizille ou à Grenoble.

19e Jour. — Départ de Grenoble. Déjeuner à Vizille ou à Uriage-les-Bains. Visite du château de Vizille, de l'établissement thermal et du casino d'Uriage. Dîner et coucher à Goncelin.

20e Jour. — Départ de Goncelin. Déjeuner à Allevard. Visite de l'établissement thermal, du casino et du parc d'Allevard. Dîner et coucher à Saint-Pierre-d'Albigny,

Ou : 19e Jour. — Départ de Grenoble. Déjeuner à Uriage-les-Bains ou à Vizille. Dîner et coucher au Bourg-d'Oisans.

20e Jour. — Départ du Bourg-d'Oisans. Déjeuner au Fréney. Dîner et coucher au col du Lautaret.

21e Jour. — Départ du Lautaret. Passage du col du Galibier. Déjeuner à Valloire. Dîner et coucher à Saint-Michel-de-Maurienne.

22e Jour. — Départ de Saint-Michel-de-Maurienne. Dîner et coucher à Saint-Pierre-d'Albigny.

21e Jour. — Départ de Saint-Pierre-d'Albigny. Déjeuner au Châtelard. Visite de la grotte de Banges. Dîner et coucher à Annecy.

22e Jour. — Dans la matinée, visite de la ville d'Annecy. Déjeuner à Annecy. Dans la journée, tour du lac en bateau à vapeur. Dîner et coucher à Annecy.

23e Jour. — Départ d'Annecy. Déjeuner à Faverges ou aux Fontaines-d'Ugines. Dîner et coucher à Flumet.

24e Jour. — Départ de Flumet. Déjeuner à Mégève ou à Saint-Gervais-les-Bains. Dîner et coucher à Chamonix.

25e Jour. — Séjour à Chamonix. Déjeuner au Montanvert. Traversée de la Mer de glace et retour à Chamonix par le Chapeau. Dîner et coucher à Chamonix.

26e Jour. — Départ de Chamonix. Déjeuner au Châtelard. Visite des gorges du Triège. Arrivée à Vernayaz. Visite des gorges du Trient. Dîner et coucher à Vernayaz.

27ᵉ Jour. — Départ de Vernayaz. Déjeuner à Bex. Visite du château de Chillon. Passage à Montreux. Dîner et coucher à Vevey.

28ᵉ Jour. — Départ de Vevey. Déjeuner à Lausanne. Visite de la ville. Descente à Ouchy en funiculaire. Dîner et coucher à Lausanne.

29ᵉ Jour. — Départ de Lausanne. Déjeuner à Rolle. Dîner et coucher à Genève.

Ou : 27ᵉ Jour. — Départ de Vernayaz. Déjeuner au Bouveret. Dîner et coucher à Évian-les-Bains.

28ᵉ Jour. — Dans la matinée, visite de l'établissement thermal et du casino d'Évian-les-Bains. Départ d'Évian-les-Bains après le déjeuner. Dîner et coucher à Genève.

30ᵉ Jour. — Visite de la ville de Genève. Déjeuner, dîner et coucher à Genève.

31ᵉ Jour. — Départ de Genève après le déjeuner. Dîner et coucher à Annecy.

32ᵉ Jour. — Départ d'Annecy. Déjeuner aux gorges du Fier ou à Rumilly. Dîner et coucher à Culoz.

33ᵉ Jour. — Départ de Culoz. Déjeuner à Virieu-le-Grand. Dîner et coucher à Ambérieu-gare.

34ᵉ Jour. — Départ d'Ambérieu-gare. Arrivée à La Balme; visite de la grotte. Départ de La Balme après le déjeuner. Dîner et coucher à Lyon,

SIGNES ET ABRÉVIATIONS

Alt.	Altitude.	G.	Gauche.
Aub.	Auberge.	H.	Heure.
Ch.	Chemin.	Hab.	Habitant.
Ch.-l. d'arr.	Chef-lieu d'arrondissement.	Hôt.	Hôtel.
Ch.-l. de c.	Chef-lieu de canton.	Kil.	Kilomètre.
Ch.-l.de dép.	Chef-lieu de département.	M.	Mètre.
		Min.	Minute.
Dr.	Droite.	R. r.	Route.
		V.	Voyez.

Les chiffres suivis du signe ' indiquent un *nombre de minutes*.
Exemple : 12', soit douze minutes.

Les chiffres gras entre parenthèses indiquent les *distances* séparant les localités d'un même itinéraire.

GUIDE DU DAUPHINÉ

ET DE LA
SAVOIE

VILLE DE LYON

LYON, CHÉF-LIEU DU DÉPARTEMENT DU RHÔNE, SECONDE VILLE DE LA FRANCE, COMPTE 466.000 HABITANTS.

Hôtels recommandés : — *Grand-Hôtel des Négociants*, 11, rue *Grolée* et, 11, quai de l'*Hôpital*; de *Russie*, 6, rue *Gasparin*, tous deux dans le voisinage de la place *Bellecour*, point de départ des itinéraires dans la ville.

Cafés : — de la *Paix*, place *Bellecour*; *Grand Café*, 8, rue de la *République*.

Brasseries : — du *Tonneau*, 66, rue de la *République*; *Hoffkeer*, 32, rue *Thomassin*; *Guillaume-Tell*, 12, rue *Mulet*.

Restaurants : — *Grand-Café*, 8, rue de la *République*; *Maderni*, 19, rue de la *République*; *Café Neuf*, 7, place *Bellecour* (tous trois chers); *Café Riche* (repas à prix fixe), 49, rue de la *République*; restaurants du *Rosbif* (genre Duval), 42, place de la *République* et *Richelieu*, 25, place *Carnot*.

Arrivée à Lyon. — Le cycliste arrivant par le chemin de fer s'arrête à la *gare de Perrache*. Pour se rendre au *Grand-Hôtel des Négociants* (distance : 2 kil., trajet entièrement pavé, 25'), suivre l'itinéraire ci-dessous :

Au bas de la rampe de la gare de Perrache, traverser le large cours du *Midi* et, vis-à-vis, le square de la place *Carnot*, décoré d'une statue monumentale de la *Liberté*. De l'autre côté de ce square, la rue *Victor-Hugo* mène à la place *Bellecour*. Traversant encore cette place, en suivant (à pied) la bande bitumée, destinée aux piétons, qui biaise à droite, on aboutit vis-à-vis le café de la *Paix*, à l'angle des rues de la *République* et de l'*Hôtel-de-Ville*, les deux artères centrales les plus animées de Lyon. Continuer par la rue de la *République*, à dr., jusqu'à la place de ce nom ornée de la statue de Carnot. Ici, prendre à dr. la rue *Childebert*, puis à g. la rue *Grolée* où se trouve situé le *Grand-Hôtel des Négociants*, au n° 11.

Visite de la ville de Lyon. — Deux jours suffisent pour visiter la ville de Lyon (non compris l'intérieur des musées). Toutefois le cycliste pressé pourra se contenter de parcourir les itinéraires indiqués ci-dessous à la première journée.

Première Journée. — *Itinéraire de la matinée* (environ 2 h. 1/2) : Place *Bellecour*, rue *Victor-Hugo* jusqu'à la place *Ampère* où on prendra à dr. la rue des *Remparts-d'Ainay*. Église Saint-Martin-d'Ainay, place et voûte d'*Ainay*, place *Sainte-Claire* où on tournera à g. sur le quai d'*Occident*, en bordure de la Saône, conduisant au cours du *Midi*. Suivre ce cours, à g., en passant entre la gare de *Perrache* et le square de la place *Carnot*. Parvenu à l'extrémité du cours du *Midi*, tourner à g. sur le quai de la *Charité*, en bordure du Rhône; à dr., sur le quai opposé, s'élèvent les bâtiments de la Faculté de Médecine. Continuer par les quais de l'*Hôpital* et de *Retz* jusqu'à la place *Tolozan*. Ici, prendre à g. la rue du *Puits-Gaillot* qui mène à la place de la *Comédie*. Sur cette place, tourner à g., entre le théâtre et l'Hôtel-de-Ville, et descendre la rue de la *République* qui ramène à la place *Bellecour*, en laissant à g. la place et le palais de la *Bourse* (Musée d'Art et d'Industrie, ouvert les jeudis, dimanches et jours de fête de 11 h. à 4 h.), ainsi que la place des *Cordeliers* où s'élèvent l'église Saint-Bonaventure et le bâtiment des Halles.

Itinéraire de l'après-midi (environ 3 h. 1/2) : Place *Bellecour*, rue *Saint-Dominique*; dans celle-ci prendre la première rue à g., la rue des *Archers*, qui conduit à la place des *Célestins*. Passer à dr. du théâtre des Célestins, par la rue d'*Égypte*, pour rejoindre le quai des *Célestins*. Tourner à dr. sur ce quai, puis traverser la Saône sur le premier pont à g. conduisant devant la façade du Palais de Justice (belle salle des Pas-Perdus). Suivre la rue de la *Bombarde*, à g. du Palais-de-Justice, ensuite la deuxième rue à g., la rue *Saint-Jean*, qui mène à la place de la *Cathédrale Saint-Jean*. Un peu plus loin, arrivé à la gare du chemin de fer, appelé : la *ficelle de*

Fourvière, monter en wagon (départ : toutes les 3'; prix : 10 c.) et s'arrêter à la station de Fourvière. A la sortie de cette station, gravir à dr. les rues de l'*Antiquaille* et *Cléberg* conduisant à la *montée de Fourvière*. Visite de la crypte, de l'église et de l'observatoire panoramique (entrée : 50 c.) de Fourvière; vue magnifique. Descente par les escaliers du *Jardin du Rosaire* (passage 5 c.), le *bosquet du Sacré-Cœur* et la rue *Saint-Barthélemy*, à la place *Saint-Paul*; ancienne maison de Henry IV. Suivre la rue *Octavio-Mey*, puis prendre à dr., le quai de *Bondy*. Traverser la Saône sur le premier pont à g., le pont du *Change*. De l'autre côté du pont, la rue des *Bouquetiers*, mène à la place *Saint-Nizier* devant le portail de l'église de ce nom. Continuer à g. par la rue *Paul-Chenavard* qui aboutit à la place des *Terreaux*, ornée d'un magnifique fontaine en bronze. Tournant à dr. on passera devant le Palais Saint-Pierre (Musée des Beaux-Arts, ouvert les jeudis, dimanches et jours de fête de 11 h. à 4 h.) et, vis-à-vis la façade de l'Hôtel-de-Ville, tournant encore à dr. on reviendra par la rue de l'*Hôtel-de-Ville* à la place *Bellecour* en laissant à dr. la place des *Jacobins*.

Deuxième Journée. — *Itinéraire de la matinée* (environ 3 h.) : Prendre sur la place *Bellecour* le tramway *Bellecour au Pont d'Écully* et se faire descendre au pont de *Serin*. Traverser la Saône et, tournant à g. sur le quai *Saint-Vincent*, on gravira presqu'aussitôt à dr., les escaliers de la montée *Hoche*. Parvenu au sommet de la colline, suivre à dr. le cours et la promenade des *Chartreux*. Continuer par la place *Rouville*, les rues de l'*Annonciade* et *Bardeau*. Au milieu de cette dernière, descendre à dr. les escaliers de la montée de l'*Amphithéâtre* conduisant à la rue du *Jardin-des-Plantes* où se trouve, à g., la gare du chemin de fer ou *ficelle de la Croix-Rousse*. Monter en wagon (départs : toutes les 5'; prix : 10 c.) et s'arrêter au boulevard de la *Croix-Rousse*. Suivre ce boulevard à dr. jusqu'à son extrémité où, passant derrière le Bloc erratique, on descendra les allées conduisant à la place *Bellevue*. Sur cette place, descendre encore les escaliers, à g., menant à la rue *Philibert-Delorme* et à la montée des *Fantasques*. Au bas de celle-ci, traverser le Rhône sur le pont *Saint-Clair*. De l'autre côté du pont, le quai à g. conduit à l'entrée du parc de la *Tête-d'Or*. Se diriger vers le lac et le longer à dr. (ou le traverser en barque, prix : 10 c.) pour se rendre à l'extrémité du lac au chalet café-restaurant, où on pourra s'arrêter pour déjeuner. Vis-à-vis l'entrée du chalet, suivre l'allée de l'*Orangerie*, puis, au carrefour, l'allée du *Parc-aux-Moutons*, à dr., dont le prolongement, l'allée du *Parc Fleuri* mène à l'allée de *Ceinture*. Celle-ci, à dr., ramène à l'entrée du parc. Ici monter dans le tramway *Parc de la Tête-d'Or à Perrache* avec correspondance, au cours *Gambetta*, pour la place *Bellecour*. Le parcours du tramway permet de donner un coup d'œil rapide sur les quartiers des Broteaux et de la Guillotière dont les interminables rues et avenues, se coupant à angles droits, ne présentent aucun intérêt.

Itinéraire de l'après-midi, excursion à **l'Ile Barbe** et au **tombeau de Castellane** (environ 3 h) : A la descente du tramway, longer la place *Bellecour* et, par la rue *Bellecour,* gagner le quai des *Célestins.* Tourner à dr. sur ce quai et, au pont *du Palais-de Justice,* descendre s'embarquer au ponton où passent les bateaux mouches pour Saint-Rambert (départs : en semaine, toutes les demi-heures; le dimanche, toutes les 5'. Prix : 25 c. Trajet : 30'). Au ponton de Saint-Rambert, suivre le quai à dr. et se diriger vers le *pont, suspendu de Saint-Rambert.* Traverser la première partie du pont, puis descendre à g. dans l'*Ile Barbe.* Au bas de l'escalier, suivre le chemin à dr. Il conduit au centre de l'île où on voit un café-restaurant, une chapelle dédiée à Notre-Name-de-Grâce, un ancien petit château restauré, servant aujourd'hui de bureau de recrutement, et enfin, dans la continuation du chemin, une vieille porte voûtée. Revenir au pont de Saint-Rambert et en traverser, à g., la seconde partie. De l'autre côté du pont, longer à g. la Saône pendant environ trois cents m., ensuite gravir à dr. la route menant à Calluire; jolie vue sur l'île Barbe et les cimes du *Mont-d'Or.* Cinq cents m. plus loin, on arrivera devant la chapelle funéraire ou *tombeau du maréchal de Castellane.* Redescendre au pont de Saint-Rambert et prendre le tramway à vapeur *Neuville à Lyon,* devant l'entrée du pont (départs : toutes les demi-heures. Prix : 25 c. Trajet : 25'). Dans Lyon, le tramway s'arrête au quai de la *Pêcherie,* entre le pont de la *Feuillée* et le pont du *Change.* Revenir à la place Bellecour, soit par les quais de *Saint-Antoine* et des *Célestins;* soit par l'intérieur de la ville, en suivant à g., vis-à-vis le pont du Change, la rue des *Bouquetiers* et, devant l'église Saint-Nizier, la rue *Centrale,* à droite.

DE LYON A LA TOUR-DU-PIN

Par Bron, Saint-Bonnet-de-Mure, La Verpillière, Saint-Alban-de-Roche, Bourgoin, Ruy, Coiranne et Cessieu.

Distance : **55** kil. **400** m. *Côtes :* **12** min.
Pavé : **40** min.

Nota. — Excellente route après le pavage inévitable, long de deux kil. et demi, de la sortie de Lyon. Deux seules petites côtes : l'une précédant Bron, l'autre après Ruy ; ensuite, légères ondulations jusqu'à La Tour-du-Pin.

Pour l'emploi de chaque journée, *V.* à la *Division du Temps*, page X.

Quittant le *Grand-Hôtel des Négociants* par la porte donnant sur le quai de l'*Hôpital,* on suivra à dr. ce quai, jusqu'au pont de la *Guillotière,* le second à g. Ici, traverser le Rhône et suivre dans toute sa longueur le cours *Gambetta.* Le pavé (40') cesse, à l'octroi, au pont du ch. de fer, au-dessus de la *ligne de Lyon à Genève* (**2.5**).

De l'autre côté du pont, laissant à g. le ch. de Genas (**11.4**), par lequel se dirige la ligne du tramway, on continuera devant soi sur la belle r. de Grenoble. Celle-ci, après l'embranchement du *Café du Terminus* (**2**), s'élève (7') vers le hameau de Bron-Asile (**0.9**), dans le voisinage d'un vaste bassin d'alimentation. Un kil. plus loin, ayant traversé la ligne avancée des forts qui défendent Lyon, on atteint le village de Bron (**1.3** — Brasserie-restaurant *Lardet*).

Deux kil. encore plus loin, on passe du département du Rhône dans celui de l'Isère (**2.2**). La r., toute droite, parcourt une grande plaine monotone. Successivement on rencontre les villages de Nuplaine (**3**) et de Saint-Bonnet-de-Mure (**5** — Hôt. *Vioier*). Descente en pente d'abord douce, puis plus rapide vers Grenay (**5**) et Morelon (**1**).

Après avoir coupé (**2.7**) le ch. de Crémieu (**14**) à Vienne (26), la contrée s'agrémente ; on se rapproche des collines et des parties boisées dans les environs de La Verpillière (**2.9** — Ch.-l. de c. — 1.215 hab. — Hôt. *Gallien*) ; petite montée.

La r. ondule très légèrement et laisse à dr. (**3.6**) un nouveau ch. vers Vienne (28). Montée douce, puis descente au hameau du Temple-de-Vaux (**2.4**), où on vient en bordure de la *ligne de Grenoble*.

Dépassé Saint-Alban-de-Roche (**1.8**), la r., décrivant une courbe gracieuse au milieu des prairies qu'arrose la *Bourbre*, découvre les clochers de Bourgoin. Au hameau de la Maladière (**3**), on franchit un ruisseau pavé.

On entre dans Bourgoin (**1.6** — Ch.-l. de c. — 7.217 hab. — Hôt. du *Parc*) par la rue du *Grand-Bion*, à laquelle font suite les rues de la *République* et *Nationale* ; légère descente.

Ici faire attention, parvenu à la seconde petite place, ornée d'une fontaine, on abandonnera la r. de Grenoble (66), par La Fretto (26), et, tournant à g. sur la place d'*Armes,* on descendra les rues de l'*Hôtel-de-Ville* et de la *Liberté* conduisant à la place *Saint-Michel* (**0.4**) dans le faubourg de Jullieu. Laissant à g. la r. de Lagnieu (45), suivre à dr. la *route d'Italie.*

Celle-ci traverse une plaine, environnée de collines, et s'élève doucement vers Ruy (**3**). Au delà de ce village, la rampe s'accentue (Côte : 5') jusqu'au hameau de La Vaizin (**0.8**) d'où on domine la riante vallée de la *Bourbre ;* petite descente, suivie d'ondulations insignifiantes. Ayant gravi le raidillon de la croix de Coiranne (**2.3**), on découvre au loin les montagnes de la Savoie ; puis on descend doucement au hameau de Vachère (**1**).

Après Cessieu (**1.3**), la r., continuant à onduler faiblement au pied des collines, en parties recouvertes de vignobles, ne tarde pas à atteindre La Tour-du-Pin (Ch.-l. d'arr. — 3.520 hab.). Suivre directement la rue d'*Italie* jusqu'à la place de l'*Hôtel-de-Ville* (**5.7**) où se trouve situé à g. le *Grand-Hôtel.*

DE LA TOUR-DU-PIN A AIGUEBELETTE

PAR SAINT-DIDIER-DE-LA-TOUR, BAS-VEREL, LES ABRETS,
LE PONT-DE-BEAUVOISIN, LA BRIDOIRE ET LÉPIN.

Distance : **33** kil. *Côtes :* **1** h. **18** min.

Nota. — Route montante pendant les cinq premiers kil.; puis
fortement ondulée jusqu'à Pont-de-Beauvoisin. Au-delà de cette
ville, on pénètre dans la région des montagnes de la Savoie.
   Le touriste qui trouverait l'étape de La Tour-du-Pin à Aiguebelette un peu courte, pourra l'allonger de vingt-et-un kil. quatre cents m.
en allant de La Tour-du-Pin aux Abrets par Montagnieu, Virieu-
sur-Bourbre, Le Pin, Paladru, Saint-Pierre et La Batie-Divisin.
Toutefois, cet itinéraire, qui permet de visiter le *château de Virieu*
et le *lac de Paladru*, est très accidenté et présente de longues côtes.
(*V.* ci-dessous, page 20.)

   Sortant du *Grand-Hôtel*, traverser la place de l'*Hôtel-
de-Ville* et suivre à g. la rue d'*Italie*. La r. s'élève assez
doucement jusqu'à Saint-Didier-de-la-Tour (**3**). Au delà
de ce village la rampe s'accentue (Côte : 15') pour atteindre le hameau de Châtelaret (**2**) d'où on commence à
descendre vers Bas-Verel (**1.7**), autre hameau dépendant
de Saint-André-le-Gaz, village laissé à un kil. sur la
gauche.
   Après le passage à niveau de la *ligne de Lyon à Grenoble*, descente rapide au *pont du Gaz*. La région, fortement
ondulée, est limitée au loin, par la chaîne des monts de
l'*Epine* et du *Chat*.
   Dépassé le hameau du Gaz (**1.9**), on gravit trois côtes
(5', 3' et 2'); puis le terrain redevient plat jusqu'au bourg
important des Abrets (**3.2**), situé à l'intersection des r.
de Grenoble (66), par Voiron (22), de Belley (32) et de

Morestel (22), qui croisent sur la place de la *République*. Ici, s'arrêter pour déjeuner à l'hôt. recommandé *Cuaz* dont l'enseigne apparaît vis-à-vis.

Pour mémoire. — De La Tour-du-Pin aux Abrets, par **Virieu-sur-Bourbre et Paladru (33 kil. 200.** — Côtes : 2 h. 48').
Itinéraire : De l'autre côté de la place de l'*Hôtel-de-Ville*, prendre vis-à-vis le *Grand-Hôtel*, la rue de la *Gare*. Tournant ensuite à dr. on passe devant le *Champ-de-Mars* et, quelques m. plus loin, laissant à g. l'avenue conduisant à la station, on gravira à dr. la r. de Virieu.

Celle-ci traverse un massif accidenté, fortement vallonné, autour duquel la rivière de la *Bourbre* décrit une boucle entre La Tour-du-Pin et Virieu.

Après six kil. et demi de montées (Côtes : 20', 40', 15' et 5'), on atteint, au-delà de l'église de Montagneu (6.8), le point culminant de ce parcours.

Agréable descente dans un joli vallon boisé, pour rejoindre la vallée de la *Bourbre*, dont on traverse la rivière après le passage à niveau de la *ligne de Lyon à Grenoble*.

Une courte montée (5') précède le village de Virieu. Parvenu (6.8) sur la r. de Pont-de-Beauvoisin (18) à La Frette (17), tourner à dr., passer devant la place de l'église et, deux cents m. plus loin, à l'angle de l'hôt. *Brochier* (0.8), abandonner la r. de La Frette pour monter à g. la rue de la *Mairie*. Arrivé sur une petite place ornée d'une fontaine, quittant la direction du Pin (6.5), on gravira à dr. la rue escarpée du *Château* (25').

Dans le haut de la côte, suivre à g. un ch. gazonné qui conduit devant l'entrée du *château de Virieu* (1) intéressant à visiter (20' — pourboire : 50 c.).

A la sortie du château, suivre le ch. à g., longeant une prairie inclinée, en négligeant deux ch. qui s'éloignent sous bois. On sort de la propriété au hameau de Layat et, continuant à g., toujours à pied (10'), on ira rejoindre (1.3) la r. du Pin.

Celle-ci, à dr., s'élève sur un mamelon (Côte : 10'), puis descend au village du Pin (3.8) en découvrant à l'horizon les montagnes de la Savoie.

Dépassé le village, on laisse à g. un petit étang. A la première bifurcation (4.1), suivant le ch. à g., on ne tarde pas à apercevoir le joli *lac de Paladru* (long de 5 kil. et demi et large d'environ 1 kil.) entouré de gracieuses collines.

Le ch. longe la rive, puis s'élève par trois montées (1', 2' et 5') jusqu'au village de Paladru (4.4) où on perd de vue le lac. A la longue côte qui suit (30'), à la bifurcation, on continuera à g. pour passer par le village de Saint-Pierre (9.5) avant de rejoindre (9.8) la r. de Bourg (90) à Grenoble (44).

Sur cette r., à g., une petite montée précède La Batie-Divisin
(**1.3**) d'où une belle descente, en partie rapide, conduit aux Abrets,
sur la place de la *République*, vis-à-vis l'hôt. recommandé *Cuaz* (**3.1**).

Au delà des Abrets, continuant tout droit par la r. de
Pont-de-Beauvoisin, on gravit une petite montée (**2'**) à
laquelle succède, après le passage à niveau de la *ligne
de Chambéry*, une descente rapide, à travers un étroit
vallon, conduisant au Sablon-Pressins (**3.4**). Nouvelle
côte (7'), en passant sous la *ligne de Belley à Pressins*,
suivie d'une autre descente dangereuse vers Pont-de-
Beauvoisin (Ch.-l. de c. — 3.500 hab.) dans la vallée du
Guiers.

On entre en ville par la rue de *Lyon* qui aboutit à la
place *Flandrin* (**3.6**). Ici prendre à dr. la rue de la *Halle*;
puis, parvenu place du *Théâtre*, tourner à g. dans la rue
de la *Poste* en passant devant l'hôt. de la *Poste* (**0.2**).
A l'extrémité de la petite place, tourner à dr. dans la rue
Gambetta. Après avoir traversé le pont pittoresque du
Guiers, rivière qui sépare Pont-de-Beauvoisin en deux
cantons, l'un appartenant au département de l'Isère, le
second au département de la Savoie, tourner à dr. sur
la r. des Echelles (15), que longe la petite ligne du
tramway de *Saint-Genix à Saint-Béron*.

A la croix (**0.7**), abandonner la r. de Chambéry (38),
par les Echelles, et monter à g. le ch. d'Aiguebelette.
Celui-ci s'élève sous bois (Côte : 10') pour gagner un
gracieux et fertile plateau, premier contrefort des montagnes de la Savoie et de l'Isère; remarquer à dr. les
belles dentelures du *massif de la Grande-Chartreuse*.

A la montée, douce pendant deux kil. et demi, succède
une ravissante descente, d'un kil. et demi, vers La
Bridoire (**5.2**), village situé à l'intersection d'étroits et
verdoyants vallons.

Laissant à dr. le ch. de Saint-Béron (3) on traversera
tout le village pour entreprendre, à partir de l'église,
une côte escarpée, longue de deux kil. et demi (30').
Celle-ci remonte un pittoresque ravin dont le ruisseau
forme plusieurs cascades. Au faîte de la côte, laisser à
g. le ch. de Dullin (1.8) et traverser le passage à niveau
de la *ligne de Chambéry* (**2.2**).

Notre r., qui s'élève encore, atteint, à la *borne 8*, le hameau du Gué-des-Planches (**0.5**), où se détache à dr. la r. de La Bauche (8 — Petit établissement thermal: traitement de la goutte, des rhumatismes, de la neurasthénie). Descendre à g. jusqu'au **passage à niveau de la station de Lépin (0.4)**; à cet endroit, vis-à-vis l'hôt. des *Touristes*, s'éloigne à g. le ch. de Novalaise qu'on prendra en revenant d'Aiguebelette. Continuant devant soi dans la direction de Lépin, on laisse à g. la station de ce nom pour se rapprocher du joli lac d'Aiguebelette dont on aperçoit déjà les deux îles.

Après un nouveau passage à niveau le ch., délicieux, en rampe très douce, passe près du village de Lépin (**2.8**), à dr., au milieu de beaux noyers, puis longe le lac à peu de distance.

Aux premières maisons du petit village d'Aiguebelette (**2**) une plaque indicatrice signale, à dr., la montée (4') menant à l'hôt. du *Mont-de-l'Épine* (**0.2**), admirablement situé sur l'emplacement d'un ancien château (vestiges de ruines) dominant tout le lac.

Le lac d'Aiguebelette, qui mesure 4 kil. de longueur sur 2 de largeur, étend ses eaux au pied de la *Montagne-de-l'Épine*, colossale muraille de granit séparant le bassin de l'Isère de celui du Rhône.

La station d'Aiguebelette, à l'entrée du *tunnel du Mont-de-l'Épine*, est une des promenades favorites des habitants de Chambéry.

D'AIGUEBELETTE A AIX-LES-BAINS

PAR LÉPIN, SAINT-ALBAN-DE-MONTBEL, NANCES, NOVA-
LAISE, SAINT-PAUL, CHEVELU, LE COL. DU CHEVELU ET
LE BOURGET.

Distances : **50** kil. *Côtes :* **2** h. **31** min.

Nota. — Magnifique trajet. Deux côtes : après Nances et Novalaise, longues d'un kil. et demi et de deux kil. et demi. Montée du
col du Chevelu, mesurant près de cinq kil. Descente très dangereuse du col.

Si on a soin de partir d'Aiguebelette de très bon matin, on pourra
gravir le col du Chevelu à l'ombre. Ne pas manquer de déjeuner
à l'hôtel du Mont-du-Chat, et attendre la fin de la journée pour
effectuer la descente et le tour du lac du Bourget également à
l'ombre.

D'Aiguebelette au passage à niveau de la station de
Lépin (**5** — *V.* page 22), revenir par le même ch. qu'on
a suivi à l'aller ; descente légère. A hauteur de l'hôt. des
Touristes, traverser à dr. la voie ferrée, ainsi que le
ruisseau qui se jette dans le lac, pour longer à présent
la rive occidentale du lac d'Aiguebelette.

Dépassé l'église de Saint-Amand-de-Montbel, bâtie sur
un monticule isolé (**2**), on descend en pente très douce
vers la rive du lac. Aux premières maisons de Nances
(**3.8**) commence une côte d'un kil. et demi (18') à laquelle succède une légère descente vers Novalaise (**2.8** —
Hôt. *Bellemin*).

En quittant Novalaise, côte dure de deux kil. et demi
(30') pour atteindre une sorte de petit col, au milieu de
champs bien cultivés, d'où on descend par une agréable
pente, aux capricieux contours, dans le ravin ombragé
du *Flon.*

Parvenu à la bifurcation (**6.4**) du ch. d'Yenne (8.4), à g., suivre à dr. la direction de Saint-Paul. La r., s'élevant un peu, domine une jolie région, très variée d'aspect. On roule au milieu de prés abrités sous de beaux arbres, alternant avec des cultures de blés, qu'égayent des rangées de hautes vignes.

Après deux côtes (8' et 3'), une magnifique descente conduit au village de Saint-Paul (**5**); vue étendue sur la vallée du Rhône, limitée à l'horizon par les monts de *Lierre*, de la *Charca* et *Landard*, tandis qu'à dr., le regard s'arrête sur les découpures voisines du *Mont-du-Chat*.

Parvenu au croisement (**3**) de la r. de Chambéry (23) à Belley (17), tourner à dr. Au petit village de Chevelu (**0.3**) commence la dure montée du *col du Chevelu*, longue de quatre kil. sept cents m. (1 h. 1/2); belle vue sur le bassin du Rhône et les deux petits *lacs du Chevelu*, ceux-ci au pied de la montagne.

Après trois kil. d'ascension, la r., décrivant une grande courbe autour d'un petit cirque de champs cultivés, passe devant une carrière et se dirige vers l'échancrure de la montagne, porte gigantesque ouverte sur la large vallée d'Aix-les-Bains, entourée de hauts sommets qui mirent leurs cimes dans le beau *lac du Bourget*.

Le **col du Chevelu**, ou du **Mont-du-Chat** (**4.5** — Alt.: 638 m.), est signalé par une minuscule chapelle et un poteau du *Touring-Club de France*, ce dernier prévenant de la descente dangereuse sur le revers oriental de la montage. Dépassant une ancienne auberge, bientôt on arrive au pied de la rampe (**0.8**) qui mène, à g., à l'entrée de l'hôt. recommandé de la *Dent-du-Chat*, où on doit s'arrêter pour déjeuner (**0.1**).

De la verandah de l'hôt. de la Dent-du-Chat, on jouit d'une vue merveilleuse sur la vallée et le lac du Bourget environnés par la chaîne du *Mont-du-Chat*, à dr., les montagnes neigeuses de la *Maurienne*, en face, et les monts du *Nivolet* et de la *Cluse*, à gauche.

Si on avait l'intention de faire l'ascension de la **Dent-du-Chat** (facile), l'hôt. de la Dent-du-Chat, station climatérique par excellence, est le point de départ tout indiqué pour cette belle excursion, qui demande environ 5 h. à pied aller et retour (3 h. à la montée, 2 h. à la descente. Guide: 10 fr.).

De l'hôt. de la Dent-du-Chat revenir à la r. (0.1) de Chambéry et en descendre avec précaution les terribles lacets ; vue admirable. On passe devant une exploitation de pierres à ciment et on laisse à g. (4.2) un ch. menant au village et au *château de Bourdeau* (1.7). cachés au milieu des arbres, dans une des positions les plus pittoresques sur le bord du lac.

La descente du Mont-du-Chat cesse à l'entrée du Bourget. Parvenu dans ce village, à hauteur du *London-Hôtel* (2.5), abandonner la r. de Chambéry (10.5), et, tournant à g., suivre le ch. absolument plat qui traverse, à l'extrémité du lac, des prairies marécageuses, arrosées par la *Leysse*.

De l'autre côté de la plaine, à l'angle d'une auberge isolée (2.6), laissant encore à dr. la direction de Chambéry (10) et, vis-à-vis, la r. d'Aix-les-Bains (6) par Le Viviers (1.4), on tournera à g. Quatre cents m. plus loin, notre ch. passe sous une voûte et vient en bordure du célèbre **lac du Bourget** (long de 16 kil., large de 5 kil. et profond de 80 à 100 m.), chanté par Lamartine. Rien n'est plus charmant que ce parcours entre le lac et la base de l *colline de Tresserce*, celle-ci recouverte d'une luxuriante végétation ; remarquer à g. la forme caractéristique de la *Dent-du-Chat*.

Parvenu au hameau de Cornin (5.2), on traversera le petit pont du *Tillet* et, abandonnant devant soi le ch. qui conduit au Grand-Port (1.5), on tournera à dr. en suivant directement la ligne du tramway. Celle-ci remonte l'avenue du *Petit-Port*, traverse le passage à niveau du ch. de fer et aboutit, dans Aix-les-Bains (1.5 — Ch.-l. de c. — 6.296 hab.), à la rue de *Genêce* ; monter cette rue à dr. (2').

Deux cents m. plus loin vous arrivez, à l'angle de deux rues, vis-à-vis l'hôt. recommandé de *Genêce* (0.2) dont l'entrée se trouve dans la rue du *Casino*, à dr. (Grand-Café. — Bonne bière au Bar *Mauresque*, place du Revard. — Atelier de réparations pour les machines : chez M. *P. Divin*, 47, rue de *Genêce* et au manège vélocipédique, avenue du *Grand-Port*).

Visite de la ville d'Aix-les-Bains (environ 2 h. 1/2). — La place Carnot. — L'église paroissiale. — L'Etablissement thermal (traitement des rhumatismes et douleurs, de diverses maladies de la peau et de certaines affections des voies de la respiration). — Les grottes dès sources (billets à prendre à l'établissement thermal. Prix : 0 fr. 50). — L'arc de Campanus. — L'Hôtel de Ville. — Le parc et la gare du chemin de fer du Revard. — Le Cercle de la Ville. — Le Casino de la villa des Fleurs. — Les rues du Casino et de Chambéry. — La promenade du Gigot. *

Excursions recommandées au départ d'Aix-les-Bains. — Les excursions à faire aux environs d'Aix-les-Bains sont très variées. Les cyclistes qui séjourneront, consulteront utilement l'excellent *Guide à Aix-les-Bains*, par A. de Conty, ainsi que le guide diamant du *Dauphiné et de la Savoie*, par P. Joanne.

Notre ouvrage s'adressant spécialement aux cyclistes de passage, nous indiquerons l'emploi de deux journées à Aix-les-Bains, sans toutefois avoir besoin d'utiliser la bicyclette.

Première journée. — Dans la matinée : visite de la ville (*V.* ci-dessus). Dans la journée : se rendre, au parc, à la gare du chemin de fer à crémaillère du Revard pour faire l'ascension de cette montagne (très recommandé). Prendre le train de 1 h. 30 (prix : 10 fr. 30, aller et retour), qui arrive au sommet du Revard à 2 h. 45, en ayant soin de se placer dans le fond du wagon, côté gauche de la voie montante et à reculons, afin d'avoir la vue.

A la descente du wagon, passant entre le Châlet-restaurant et le Châlet-hôtel, on se dirigera (5') vers le point culminant du **Mont Revard** où s'élève un observatoire avec télescope (entrée : 50 c. — Alt. : 1.568 m.) d'où on embrasse un panorama grandiose sur les montagnes du Dauphiné, de l'Isère et de la Savoie.

Reprendre à 5 h. le train qui ramène à Aix-les-Bains à 6 h. 5; ou bien dîner à l'excellent restaurant du Mont-Revard (prix : 5 fr., vin compris), assister au coucher du soleil et redescendre à Aix-les-Bains par le dernier train de 9 h. du soir, arrivant à 10 h. 5.

Deuxième journée. — Dans la matinée : visite de la **cascade de Grésy** et des **gorges du Sierroz.**

Demander au bureau des tramways, devant l'hôt. de *Genève*, un billet d'aller et retour pour Grésy, donnant droit à la visite de la cascade et au passage des gorges en bateau à vapeur (prix : 1 fr. 75);

(*) — Bien que nous ne donnions pas un itinéraire détaillé dans les villes, nous indiquons cependant les curiosités dans l'ordre où elles doivent être visitées ; ainsi il sera toujours facile de se rendre d'un monument à un autre en se renseignant sur la direction auprès des habitants.

puis prendre le tramway de 9 h. 5 arrivant à Grésy à 9 h. 26 (distance : 4 kil. 200 m. — montée douce).

Devant le point d'arrêt du tramway se trouve l'entrée de la galerie de bois, longue de trois cents m., d'où on domine la *cascade de Grésy*, et par laquelle on se rend au point d'embarquement du petit bateau à vapeur qui descend pendant douze cents m. les *gorges du Sierroz*. A la sortie du bateau, un sentier ramène (3') à la halte du *Pont-de-Pierre* où vous pouvez reprendre, au passage, soit le tramway qui vous a amené, soit le suivant. Ils partent de Grésy : le premier, à 9 h. 36 ; le second, à 10 h. 36. Selon l'arrivée du bateau à vapeur à la sortie des gorges, l'excursion se fait dans l'un ou l'autre sens.

Dans la journée : Tour du **lac du Bourget** en bateau à vapeur, visite de l'**abbaye de Hautecombe** et de l'embouchure du **canal de Savières** sur le Rhône.

Prendre devant l'hôt. de *Genève* le tramway conduisant au Grand-Port (prix : 25 c. — Distance : 3 kil. ; route en pente légère) et correspondant avec le départ du bateau de la Compagnie *Les Parisiens* pour Hautecombe qui a lieu à 1 h. Le prix de la traversée, soit qu'on fasse le tour complet du lac, soit qu'on se contente d'aller seulement à Hautecombe et d'en revenir, est de 3 fr. Nous engageons donc à faire le tour complet du lac.

Arrivé à Hautecombe à 1 h. 30, le bateau s'y arrête 50 min. pendant lesquelles on a le temps nécessaire pour visiter la merveilleuse église (nécropole des princes de Savoie) et les appartements royaux de la célèbre *abbaye d'Hautecombe* (aumône : 50 c. à 1 fr.). A 2 h. 30 on reprend le bateau qui conduit à l'extrémité Nord du lac, au *canal de Savières*, reliant le lac du Bourget au Rhône.

Parvenu presque à l'extrémité du canal, le bateau s'arrête à Chanaz, petit port de pêcheurs. Arrivé à cette escale à 3 h. 30, il en repart à 4 h. Mettre cette demi-heure à profit pour descendre à terre et remonter à pied pendant trois cents m., à dr., la route d'Yenne (14). Au premier tournant, magnifique panorama sur la vallée du Rhône et sur le fleuve.

De Savières, le bateau revient à Hautecombe où il arrive à 4 h. 30. Ici on a le choix : soit de revenir directement au Grand-Port, soit, pour le même prix, de continuer le tour du lac. Dans ce dernier cas on change de bateau et on repart d'Hautecombe à 5 h. Le bateau longe la rive où viennent baigner les pentes à pic du *Mont-du-Chat* ; puis, après avoir reconnu le pittoresque *château de Bourdeau*, remet le cap sur le Grand-Port. Rentré au Grand-Port à 5 h. 45, on reprend le tramway qui ramène à Aix-les-Bains.

Parmi les nombreuses excursions à faire à bicyclette autour d'Aix-les-Bains, nous mentionnerons particulièrement les deux suivantes :

A. — Au château de Châtillon et à l'**Abbaye de Hautecombe** (par la route : **20** kil. **600** m.) — Par Brison-Saint-Innocent (**4**). Grésine (**2**), Brison (**4**), Groisin (**5**), Chaudieux (**4,5**), château de Châtillon (**4,8**), Portot (**3,3**). Conjux (**4,5**), Hautecombe (**5**), Grand-Port (en bateau) et Aix-les-Bains (**8**).

Cette r. qui cotoie, au-delà de Grésine, une longue partie du lac du Bourget, présente des côtes assez fortes précédant Saint-Innocent et Groisin; côte dure de Conjux; le reste à plat ou descendant. A Hautecombe, on peut prendre, à 4 h. 30 ou à 5 h., le bateau à vapeur pour revenir à Aix par le Grand-Port.

B. — Au pont de l'**Abîme** (**42** kil. **800** m., aller et retour). Par Saint-Simon (**2,5** — Sources minérales; eaux efficaces contre les affections des reins, de l'estomac), Grésy (**4,5**), Bassat-Saint-Ours (**6**), Cussy (**4** — Café-restaurant *Brunier*), le pont de l'Abîme (**9** — *V.* page 97), Gruffy (**8**), Alby (**4,5**), Saint-Félix (**5**), Albens (**8**), La Biolle (**4**), Grésy (**9,5**) et Aix-les-Bains (**4,8**).

D'Aix-les-Bains à Cussy, montée presque continuelle. Descente rapide au pont de l'Abîme, suivie d'une forte côte vers Gruffy. De Gruffy à Saint-Félix, descente, à l'exception d'une rampe très dure après Alby. De Saint-Félix à Albens, plat. D'Albens à La Biolle, partie montée, partie plat. De La Biolle à Aix-les-Bains, descente presque continuelle.

Nota. — Des services à prix réduits, en breaks ou cars alpins, ont lieu chaque jour au départ d'Aix-les-Bains pour les principales excursions des environs. Ces voitures économiques, commodes pour ceux qui voudront reposer leur jarret, stationnent au kiosque du boulevard du *Parc* ainsi que sur la place *Carnot*.

Pour mémoire. — D'**Aix-les-Bains à Annecy**, par Grésy (**4**), La Biolle (**4**), Albens (**8** — Hôt. de la *Poste*), Saint-Félix (**9**), Alby (**5**). Triège (**7**) et Annecy (**6** — Hôt. des *Négociants*; de l'*Aigle*). — à **Genève**, par Albens (**11**), Rumilly (**9** — Hôt. de la *Poste*), Vallières (**4**), Mionnas (**6**), Frangy (**10** — Hôt. de la *Poste*), Minzier (**8**), L'Éluiset (**7**), **Saint-Julien** (**7**) et Genève (**10** — Hôt. de l'*Europe*).

D'AIX-LES-BAINS A CHAMBÉRY
DEUX ITINÉRAIRES

Itinéraire 4. — PAR MARLIOZ, LE VIVIERS ET SONNAZ.

Distance : **14** kil. **800** m. *Côtes :* **28** min.

Nota. — Jolie route, intéressante, présentant une longue côte de seize cents m., dans les environs de Sonnaz. Très belle arrivée à Chambéry.

Sortant de l'hôt. de *Genève* par la rue du *Casino*, on montera (3') cette rue, à g., qui aboutit à la place du *Revard*. De l'autre côté de la place, continuer par la rue de *Chambéry*. La r., plate, bordée de beaux platanes, laisse à dr. (**0.5**) le ch. de Tresserve (2) et longe la petite vallée du *Tillet* dont la rivière coule au pied de la colline de Tresserve. Du même côté, on dépasse le grand *vélodrome d'Aix-les-Bains*, puis le *champ de courses*, ce dernier vis-à-vis le parc de l'établissement thermal de Marlioz (**1.5** — Traitement des bronchites, des affections de la gorge et du nez).

Neuf cents m. plus loin se trouve l'entrée, à dr., de la *Chaumière Savoyarde* (**0.9**) dont on pourra visiter le petit musée (curiosités naturelles, artistiques et industrielles).

Une montée douce précède le village du **Viviers** où se détache à dr., à l'angle de la *boulangerie Miellon* (**1.9**), le ch. de Chambéry par la vallée de la *Leysse* (*V.* page 35).

Notre r., d'abord plate, dans un joli paysage, se dirige parallèlement à la haute muraille du *mont des Rames*, à g., dont l'extrémité se termine par la *dent du Nivolet*, surmontée d'une immense croix en fer de 18 m. de hauteur.

Longue côte de seize cents m. (25') pour atteindre le point culminant de la r., près de Sonnaz, à la hauteur de l'auberge de l'*Union* (**3.6**). On découvre à dr. les fonds verdoyants de la vallée de la *Leysse*, entourés par les cimes sévères des montagnes ; tandis qu'à g. les neiges de la Maurienne ferment l'horizon. Une agréable descente, suivie de deux très courtes montées, conduit au hameau du Molard (**3**).

Ici, la pente s'accentuant, commence une descente rapide vers Chambéry qu'on ne tarde pas à découvrir dans le bas à dr. Remarquer du côté g., à une certaine distance, le *château de Bressieux*; sur le bord même de la r., une très belle *Descente de Croix* et enfin la vieille église de Lemenc, située sur une plateforme de rochers.

On entre en ville par le faubourg du *Reclus*, qui domine la ligne du chemin de fer, et bientôt, au pied de la côte, on arrive au *pont du Reclus*, au-dessus de la *Leysse* (**2.3**).

Traversant le pont, dans Chambéry (Ch.- l. du dép. de la Savoie — 20.922 hab. — Grand Café du *Théâtre*, dépôt régional de la bière Pousset), on prendra à g. du *Monument commémoratif* (statue en bronze de femme symbolisant la Savoie) le boulevard de la *Colonne*, auquel fait suite le boulevard du *Théâtre*, tous deux bordés de superbes platanes.

A l'extrémité de la rue du *Théâtre* (Pavé : 1'), suivre à g. la rue d'*Italie* et s'arrêter au n° 9, à l'hôt. recommandé de la *Poste-et-Métropole* (**0.4**).

Visite de la ville de Chambéry (environ 2 h. 1/2). — La fontaine des Éléphants. — Le Monument commémoratif. — La place du Palais-de-Justice (Musée, ouvert les jeudis et dimanches de 1 h. à 4 h.). — Rue Favre. — La place de l'Hôtel-de-Ville. — La place Octogone. — Rue Saint-Réal. — La Cathédrale. — La place Monge. — La place Caffe. — Le Château (très belle vue du haut de la tour ; pourboire : 20 c.). — Promenade du Grand-Jardin. — Le portail Saint-Dominique. — La Sainte-Chapelle. — Rue de Boigne. — L'église Notre-Dame. — Anciennes maisons à tourelles. — Passages voûtés.

Excursions recommandées au départ de Chambéry. — Si on a du temps de reste, après avoir visité la ville, on pourra se rendre à pied au hameau des **Charmettes**, où se trouve l'habitation rendue célèbre par le séjour qu'y firent Jean-Jacques-Rousseau et Mme de Warens (**3** kil. **400** m., aller et retour).

Itinéraire : Dans la rue d'*Italie*, vis-à-vis le théâtre, prenant à g. la rue *Denfert-Rochereau*, on arrivera à une petite place traversée par la rue de la *République*. Suivre cette rue à gauche dont le prolongement, la rue *J.-J.-Rousseau*, conduit au début du ch. des *Charmettes*. Celui-ci, à dr., remonte un vallon verdoyant, et domine le faubourg de Chambéry. A la première bifurcation, continuer à dr. du bec de gaz et un peu plus haut, négligant un ch. à dr. qui revient vers la ville (**0.7** — direction de Bellecombette), on suivra tout droit en longeant un petit ruisseau, à g., protégé par une balustrade en fer. Le vallon, très rétréci, présente un ch. ombragé ; successivement on dépasse deux ou trois propriétés, à dr., dont une peinte en rose, et bientôt on arrive au hameau des Charmettes (**1**). Ici monter le ch. escapé à dr. qui conduit à l'entrée de l'habitation de J.-J. Rousseau (50 c. par personne).

Excursion circulaire permettant de visiter successivement la cascade du **Bout-du-Monde**, la station thermale de **Challes-les-Eaux**, les tours de **Chignin**, la ville de **Montmélian** et le pèlerinage de **Notre-Dame-de-Myans (31 kil. 700** m., aller et retour) On partagera l'excursion en deux en allant déjeuner à Montmélian.

Nota. — Le cycliste qui aurait l'intention de revenir plus tard à Chambéry, soit de Goncelin (*V*. page 75), soit de Détrier (*V*. page 80), soit de Saint-Pierre-d'Albigny (*V*. page 79), pour traverser le massif des Bauges par le col de Plainpalais ou par le col de Prés (*V*. pages 33 et 34), pourra négliger l'excursion de Montmélian, à son premier séjour à Chambéry, la r. du retour l'obligeant à passer à proximité de Montmélian.

Itinéraire ; Au sortir de l'hôt. de la *Poste-et-Métropole*, suivre à g. la rue d'*Italie* (Pavé : 1'), traverser la petite place d'Italie et continuer devant soi par le faubourg de *Montmélian*. A hauteur du nº 125, on laisse à g. (**0.1**) le ch. de Saint-Jean-d'Arvey (direction d'Annecy par le *col de Plainpalais*, ou le *col des Prés* (*V*. page 33) et, quatre cents m. plus loin, à dr. (**0.1**), le ch. de La Peysse par lequel on reviendra.

La r. de Montmélian, bordée d'arbres, plate, traverse le passage à niveau de la *ligne de Chambéry à Turin* et longe le torrent de la *Leysse* ; à dr. s'étendent de vertes prairies ; belle vue sur la cime rocheuse du *Mont-Garnier* et les montagnes de la Maurienne.

Parvenu à un endroit où la r. directe de Challes (3.4) et de Montmélian tourne brusquement à dr. (**2**), l'abandonner et suivre le ch., à g., qui continue à longer la rivière. A l'entrée du village de Leysse, tourner à g., en se guidant sur la direction du télégraphe ; puis, arrivé devant le bureau de poste (**1.5**), traverser le vieux pont à g. De l'autre côté du pont, tournant de suite à dr., on remontera la vallée rétrécie de la Leysse pour atteindre la grille d'une *papeterie* (**0.6**).

Pour visiter la *cascade du Bout-du-Monde* (durée de la visite, à pied : 30' — pourboire : 50 c.) il faut sonner à la grille et traverser la papeterie, située à l'entrée de la gorge où coulent les eaux de la

Doria. Bientôt on se trouve en face d'une haute paroi de rocher, entourée de verdure, d'où tombe la *Doria* pour former une magnifique cascade s'échappant des flancs de la montagne du Nivolet.

Après la visite de la cascade, revenir dans Leysse au bureau de poste (**0.6**). Ici, laisser à dr. le ch. par lequel on est venu, et rouler encore cent m. pour prendre à dr., devant le restaurant *Lambert*, un étroit ch. d'abord descendant entre deux murs. Il tourne presqu'aussitôt à g. et décrit ensuite à travers champs plusieurs gracieux méandres au pied de la colline sur laquelle s'élève le château de la *Balhie*.

Le ch., en pente douce, passe à côté du village de Barby (**1**) et, plus loin, devant l'entrée du petit *établissement thermal de Challes* (**2.2** — Hôt. de l'*Europe*. — Eaux d'une grande action contre les affections de la peau, les maladies des voies respiratoires et des organes génito-urinaires), situé au pied du mont *Saint-Michel*, rocher abrupt couronné d'une chapelle. Bientôt on aboutit sur l'avenue *Domenget* (**0.2**) qui relie le casino (0.1) au village de Challes ; tourner à dr. pour rejoindre (**0.2**) la grande r. de Chambéry à Montmélian.

Celle-ci, à g., monte légèrement jusqu'à Saint-Jeoire (**1.6**), ensuite descend insensiblement jusqu'à Montmélian. En face de soi, belle vue de la chaîne des montagnes de la Maurienne. A g., sur un monticule, apparaissent les tours de Chignin, appartenant autrefois à un château féodal aujourd'hui détruit. Une de ces tours, de forme carrée, a été restaurée par les Chartreux qui l'ont convertie en chapelle pour rappeler le lieu de naissance de Saint Anthelme.

On coupe (**1.6**) le **chemin de Chignin à Myans**, à l'angle d'un petit oratoire gothique abandonné ; remarquer, de l'autre côté de la vallée, la brèche du mont *Granier* dont une partie s'éboula en 1248.

Dépassé le passage à niveau de la station de Chignin-les-Marches (**1.1**) se détache à dr. la r. de Chapareillan (5.7) ; continuer à g. Plus bas, en vue de la station de Montmélian, laissant à dr. (**3.1**) le ch. de Francin (0.7) et, à g., la r. en bordure de la voie, qui conduit dans le haut de Montmélian (1.4), on descendra la r. du milieu traversant un petit vallon boisé. Cinq cents m. plus loin, on laisse encore à dr. (**0.5**) un second ch. pour Francin (0.5) et, aussitôt après la voûte du ch. de fer (**0.1**), la r. de Pontcharra (8.1)

La nôtre contourne le mamelon rocheux sur lequel s'élevait jadis le *fort de Montmélian*, dont il ne subsiste plus que quelques vestiges de ruines, et atteint le bas du bourg vis-à-vis le pont sur l'Isère (**1.4**). Dans la rue à g., à vingt-cinq m., se trouve l'hôt. recommandé des *Voyageurs* où on s'arrêtera pour déjeuner.

Montmélian (ch.-l. de c. — 1.358 hab.), autrefois ville importante, est renommée pour son vin et remarquable par sa situation au bord de l'Isère. De la colline du fort on jouit d'une vue magnifique sur la vallée supérieure de l'Isère et la plaine fertile du Grési-vaudan.

De Montmélian, revenir sur ses pas au *chemin de Chignin à Myans* (**6.2** — *V.* page 32); montée insensible. Ici, abandonner la r. de Chambéry et traverser la plaine à gauche.

La *chapelle de Notre Dame-de-Myans*, dont le clocher est surmonté d'une statue dorée de la Vierge, s'élève sur un monticule qui domine les *abîmes de Myans*, vaste vignoble planté sur les éboulis du mont *Granier*.

Le ch. monte (Côte : 10') jusqu'à la terrasse voisine de la chapelle (très belle vue) et, passant devant l'entrée du sanctuaire, tourne ensuite à dr. dans le village de Myans (**1.1** — Café du *Centre*).

De Myans à Chambéry, descente presque continuelle à travers la ravissante campagne qui s'étend entre le *massif des Bauges*, à dr., et celui de la *Grande Chartreuse*, à g. En quittant Myans, à la première bifurcation, continuer à dr. On longe la ligne du ch. de fer (un raidillon : 1') et, l'ayant traversée sur un pont (**3.1**), on descendra à g. vers le hameau de Boige (**1.5**). Devant la croix, tourner à g. pour franchir encore deux fois la voie ferrée avant d'atteindre le village de La Peysse (**1.8** — Côte : 3'). Après un dernier passage à niveau, la rue *Sainte-Rose* ramène à l'octroi de Chambéry (**1.1**), distant de huit cents m. de l'hôt. de la *Poste-et-Métropole* (**0.8**).

Pour mémoire. — Deux superbes passages de montagne, à travers le massif des Bauges, relient **Chambéry à Annecy** : le premier, par le col de Plainpalais ; le second, par le col des Prés.

A. — Par le **col de Plainpalais** (**57** kil. **200** m.). — Par Villaret (**3.1**), Saint-Jean-d'Arvey (**5**), chemin de Thoiry (**1**), Les Déserts (**1** — Aub. *Bouvard*), col de Plainpalais (**4** — Alt. : 1.180 m.), Le Noyer (**6**), Le Mont (**2**), Lescheraines (**3.5**), le pont de Lescheraines (**1** — Hôt. *Pottier*) et Annecy (**27.3** — *V.* page 97).

Quittant Chambéry par le faubourg de Montmélian, parvenu à hauteur du n° 125, on abandonnera la r. de Montmélian pour suivre à g. celle de Saint-Jean-d'Arvey. Cette r., qui remonte toute la vallée de la *Leysse*, parcourt une plaine légèrement montante jusqu'au hameau du Villaret. Du Villaret au col de Plainpalais, une rampe dure, longue de douze kil., débute par une série de lacets, au milieu des vignes, menant à Saint-Jean-d'Arvey. Quinze cents m. après Le Villaret, aux abords d'un tunnel sous lequel passe la r., on domine à dr. la cascade et la gorge du *Bout-du-Monde* (*V.* page 32); vue étendue sur le bassin de Chambéry. Entre Saint-Jean-d'Arvey et l'embranchement du ch. de Thoiry, plateau de quinze cents mètres.

2.

On laisse à dr. le **chemin de Thoiry** (direction du col des Prés, *V.* ci-dessous), tout en contournant, à g., les énormes masses du mont *Pennay* et de la *Dent du Nicolet*, ce dernier sommet surmonté d'une croix colossale. Cinq cents m. de terrain à peu près plat précédent le village des Déserts, situé au fond d'une gorge formant entonnoir. La rampe reprend ensuite jusqu'au col de Plainpalais, ouvert sur un plateau herbeux entre le mont *Margeria*, à dr., et la *dent du Nicolet*, à gauche.

Du col de Plainpalais au pont de Lescheraines, descente de la vallée de Saint-François, parsemée de cultures et de bosquets. Pentes très rapides entre le col et Le Noyer, ainsi qu'entre Lescheraines et le pont de Lescheraines; une seule petite côte de six cents m. précède le hameau du Mont.

Du pont de Lescheraines à Annecy, *V.* page 95.

B. — Par le **col des Prés (68 kil. 600 m.).** — Par Villaret (**8.4**), Saint-Jean-d'Arvey (**5**), le pont des Callets (**2.5**), Thoiry (**1.8** — Aub. *Pachaud*), col des Prés (**7.6** — Alt. : 1.144 m.), Fressette (**1**), Aillon-le-Jeune (**2.1** — Aub. *Miguet*). La Combe (**1**), La Bottière (**1**), Aillon-le-Vieux (**2**), Lavanche (**2.5**), pont d'Écorchevel (**1.6**), Le Châtelard (**1.1** — Hôt. Alpin) et Annecy (**22.4** — *V.* page 95).

De Chambéry au chemin de Thoiry, *V.* ci-dessus *A.*, la r. du col de Plainpalais.

Un kil. au delà de Saint-Jean-d'Arvey, abandonnant la r. des Déserts, on prendra à dr. le ch. de Thoiry. Descente rapide, en lacets, au pont des Collets, dans le ravin de la *Leysse*. De l'autre côté du pont commence la côte dure, longue de huit kil. cinq cents m., qui conduit au col des Prés. Après Thoiry, nombreux lacets en contournant la base du mont de la *Croix*. A la dernière rampe, belle vue en arrière sur la plaine de Chambéry.

Du col des Prés au pont d'Aillon-le-Jeune, descente rapide dans la vallée qu'encadrent le mont de la *Croix*, à g., et le mont de la *Buffa*, à dr. Du pont d'Aillon-le-Jeune au hameau de la Bottière, légère montée; le ch. continue ensuite ondulé jusqu'à Aillon-le-Vieux. D'Aillon-le-Vieux au pont d'Écorchevel, descente en contournant la *Dent de Rossane*, à dr. On traverse le *Chéran* et, par une côte de quatorze cents m., on atteint Le Châtelard.

Du Châtelard à Annecy, *V.* page 95.

De **Chambéry à Grenoble** (route directe), par Challes-les-Eaux (**6**), Saint-Jeoire (**2**), Les Marches (**1**), Chapareillan (**5** — Hôt. du *Commerce*), La Gache (**3**), La Buissière (**5**), Sainte-Marie-d'Alloix (**2**), Le Touvet (**3**), La Terrasse (**1**), Lumbin (**3**), Crolles (**3**), Bernin (**2**), Saint-Ismier (**1**), Montbonnat (**1**), Le Bachais (**2**), La Tronche (**2**) et Grenoble (**3** — Hôt. des *Trois-Dauphins*).

Itinéraire B. — Par la vallée de la LEYSSE.

Distance : **16** kil. **600** m. *Côtes :* **3** min.

Nota. — Cette route, à part une mauvaise descente de quatre cents m. au Viviers, est absolument plate. L'arrivée à Chambéry est moins pittoresque que par l'itinéraire A.

D'Aix-les-Bains au Viviers (**4.8** — Côte : 3'), *V.* itin. A, page 29.

Dans Le Viviers, parvenu à l'angle de la boulangerie *Mietton,* abandonner la grande r. de Chambéry et prendre le ch. à dr. qui passe devant l'église et traverse tout le village. Une très mauvaise descente, longue de quatre cents m. (à pied : 3'), précède le passage à niveau de la voie ferrée. De l'autre côté de la ligne, la descente s'adoucit. Contournant l'extrémité méridionale de la colline de Tresserve, bientôt on atteint, près d'une auberge isolée, le croisement (**1.5**) du ch. du Grand-Port à Chambéry ; tourner à gauche.

Le ch., poussiéreux, sans ombrage, tracé en droite ligne, au milieu des prairies qu'arrosent la *Leysse* ainsi que divers ruisseaux, passe au-dessous du village de Voglans (**1.5**), dont on aperçoit les maisons à g., à mi-colline, dans la verdure, et va rejoindre (**2.3**) la r. du Bourget (**1.**3) à Chambéry.

Celle-ci, bordée de peupliers, côtoie la Leysse et continue parmi les prés entourés des hautes montagnes du *Nivolet,* à g., du *Chat* et de l'*Epine*, à dr., tandis que devant soi se dressent les cimes sauvages des monts *Joigny* et *Granier* ; à dr. se détache (**2.2**) le ch. qui conduit à La Motte-Servolex (1.8). Plus loin, après le passage à niveau (**1.2**) de la *ligne de Chambéry à Lyon*, et les auberges de La Boisse (**0.5**), longeant le ch. de fer, on laisse à g. la gare de Chambéry, pour entrer en ville par la rue *Sommeiller.* Cette rue aboutit à la petite place précédant le *pont du Reclus* (**2.2**).

Du pont du Reclus à l'hôt. de la *Poste-et-Métropole* (**0.4**), *V.* itin. A., page 30.

DE CHAMBÉRY A LA GRANDE-CHARTREUSE
DEUX ITINÉRAIRES

Itinéraire A. — Par Cognin, Saint-Thibaud-de-Couz, Les Echelles, Entre-deux-Guiers, Revol et Saint-Laurent-du-Pont.

Distance : **38** kil. **100** m. *Côtes :* **5** h. **33** min.

Nota. — Trajet assez dur présentant onze kil. et demi de côte pour gravir le col des Echelles et huit kil. de côte entre Saint-Laurent-du-Pont et la Grande Chartreuse. Quitter Chambéry de bon matin pour arriver à l'heure du déjeuner aux Echelles.

A Saint-Laurent-du-Pont, on trouve un service public de voiture pour la Grande-Chartreuse partant à 1 h. 30. En utilisant cette voiture, sur laquelle on peut facilement placer sa bicyclette, on évite huit kil. de montée et on peut visiter le même jour le couvent et faire ensuite, avant le souper, l'excursion réunie du Pavillon et des chapelles de Notre-Dame-de-Casalibus et de Saint-Bruno.

Quittant l'hôt. de la *Poste-et-Métropole*, tourner à dr. dans la rue d'*Italie* (l'avé : 1'); puis, devant le théâtre, prendre à g. la rue *Denfert-Rochereau*. Celle-ci conduit à la rue transversale de la *République* qu'on suivra à dr. pour traverser les places *Monge* et *Caffe*. A l'extrémité de la place Caffe, laissant à dr. le *Vieux Château*, on s'engagera sur la r. de Lyon qui longe le jardin de la Préfecture. R. plate jusqu'à Cognin (**2.7**).

Après ce village commence la montée du passage des Echelles (onze kil. et demi de côte, environ : 3 h.), à travers la vallée de l'*Hière*, dont on traverse deux fois le torrent.

Au delà de Saint-Cassin (**1.8**), la vallée se rétrécit et

la r., dépassant deux scieries, longe la *ligne de Chambéry à Saint-André-du-Gaz,* tracée au pied de beaux rochers. Remarquer à g., à hauteur de la *borne 31.8,* le
profil de l'un d'eux, rappelant la silhouette d'un capu-
cin, et, plus loin, la belle chute de la *Cascade de Couz.*

Ayant franchi le passage à niveau (**2.1** — buvette), la
rampe s'accentue entre les pentes boisées du mont
Grelle, à dr., et les roches de la *Tête-de-Rouen,* à g. On
roule ensuite pendant un kil., à plat, dans une partie plus
large de la vallée; puis, une montée douce mène à Saint-
Thibaud-de-Couz (**4.1**). A g., une nouvelle cascade s'é-
chappe d'une fissure creusée entre le mont *Outhéran* et
le mont *Corbeley.*

La rampe continue assez modérée. Successivement on
rencontre les hameaux de Gros-Louis (**2**) et Martin (**1**);
ensuite, après avoir traversé le torrent et un petit bois, on
atteint le sommet du col des Echelles (Alt. : 612 m.),
dans le voisinage de Saint-Jean-de-Couz, village laissé
à g., un peu en dehors de la route.

Dépassé l'auberge du *Checal-Blanc* (**1.2**), commence
une fort jolie descente, à travers un beau défilé de rochers et de sapins, conduisant à l'entrée du *tunnel des
Echelles* (**3.4**), où vous devez vous arrêter pour aller
visiter les curieuses grottes voisines.

Tunnel et grottes des Échelles — En s'adressant au gardien des grottes, qui habite la maisonnette à g. de l'entrée du
tunnel, on aura un guide et des bougies moyennant le prix de 1 fr.
par personne. La durée de l'excursion dure environ 1 heure.

Laissant sa machine à la maisonnette, on se dirige à pied par la
vieille r. des Echelles, imposant couloir taillé dans le roc qui
s'ouvre à côté du tunnel, vers l'entrée de la première grotte. Cette
grotte, dont le parcours est facile, mesure cinq cents m. de longueur. Parvenu au fond, on doit revenir sur ses pas pour aller
visiter la seconde grotte située deux cents m. plus bas sur la vieille r.

Cette autre grotte est plutôt une gorge sombre, longue de trois
cents m., fort intéressante, dans laquelle on a ménagé à mi-hauteur
une galerie de bois pour la circulation. On sort à l'extrémité opposée de la grotte par un escalier suspendu au flanc des rochers.
Vue magnifique sur la vallée des deux Guiers.

Au bas de l'escalier est dressé un monument commémoratif rappelant que la route des grottes fut créée en 1670 par les soins du
duc Charles-Emmanuel II de Savoie.

Du monument commémoratif, remontant la vieille r. dans toute sa longueur, on reviendra reprendre sa machine à l'entrée du tunnel des Echelles.

Le *tunnel des Echelles*, long de 808 m., haut et large de 7 à 8 m., fut percé par ordre de Napoléon Ier. A sa sortie on jouit d'un merveilleux panorama sur la magnifique vallée des deux Guiers, environnée des hautes montagnes de la *Chartreuse* et du *Mont Grelle*.

De l'autre côté du tunnel, la descente continue vers l'immense cirque formé par les vallées du *Guiers-Vif* et du *Guiers-Mort*, dont les eaux se réunissent en aval du bourg des Echelles. Remarquer en arrière la gigantesque muraille de rochers sous laquelle débouche le tunnel qu'on vient de quitter.

Aux Echelles (**4.2** — Ch.-l. de c. — 748 hab.), station très fréquentée par les touristes, s'arrêter pour déjeuner à l'hôt. recommandé *Durand* (Très belle vue du belvédère dans le jardin de l'hôt. — Prix moyen de la pension : 6 francs).

Dépassé l'hôt. *Durand*, on rejoint (**0.1**), dans Les Echelles, la r. de Pont-de-Beauvoisin (14) à Saint-Laurent-du-Pont; descendre la rue à g. De l'autre côté du pont du *Guiers-Vif*, se trouve la petite place du village d'Entre-deux-Guiers (**0.2**). Dans cette localité on laissera : à dr., le ch. de Voiron (18.3), puis celui de Saint-Laurent-du-Pont (6.6), par Villette (4.8); et à g. (**0.2**), le ch. de Saint-Christophe (direction de la Grande Chartreuse par Le Frou).

Pour mémoire. — D'Entre-deux-Guiers à la Grande Chartreuse par Le Frou et le col du Cucheron (**23 kil. 300** m.) — Par Saint-Christophe (**1.5**), les Blanches (**2**), Le Châtelard (**1.5**), Le Frou (**1.6**), Planey (**1.5**), La Serme (**1**), **Saint-Pierre-d'Entremont** (**2.5** — Hôt. *Mollard*), Chenevey (**2**), Les Vassaux (**2**), Cloître (**0.5**), Les Vialles (**1**), col du Cucheron (**3** — Alt : 1.181 m.), La Cochallière (**2**), Saint-Pierre-de-Chartreuse (**1**), La Diat (**1** — Hôt. du *Grand-Som*; du *Désert*), Le Grand-Logis (**0.8**) et la Grande Chartreuse (**2.8**).

Cette r., également fort belle, plate pendant deux kil., dans la plaine de Saint-Christophe, gravit ensuite un côte, en lacets très durs, longue de quatre kil., pour atteindre le tunnel du Frou, percé dans la superbe gorge du Guiers-Vif. Du Frou à Planey, descente, puis à plat. De Planey à La Serme, montée d'un kil. La r. parcourt un nouveau défilé, sort des forêts et descend vers les prairies de Saint-Pierre-d'Entremont.

De Saint-Pierre-d'Entremont au col du Cucheron, longue côte de huit kil., en lacets durs, partagée par une descente de cinq cents m. à Cloître. Du col du Cucheron à La Diat, descente très rapide. De La Diat au Grand-Logis, pente douce. Quatre cents m. après la maisonnette isolée du Grand-Logis, on laisse à g. la r. de Saint-Laurent-du-Pont pour gravir les deux derniers kil. et demi qui précèdent le couvent de la Grande Chartreuse.

Au delà de la place d'Entre-deux-Guiers, la r. de Saint-Laurent-du-Pont, par Le Revol, gravit une petite côte (3'); puis, toute droite, traverse la large vallée, en longeant la *ligne de Pont-de-Beaucoisin à Saint-Laurent-du-Pont*. Après un petit bois, on atteint Le Revol (3.8), à la bifurcation du ch. de Saint-Pierre-d'Entremont (13.1). Plus loin, ayant dépassé la *gare des marchandises* (1.4), toujours suivant la ligne, on entre dans Saint-Laurent-du-Pont (Ch.-l. de c. — 2.414 hab.) pour arriver à la *gare des voyageurs* (0.4 — Hôt. de la *Gare*), située à l'angle de la r. de la Grande Chartreuse, à gauche.

Nota. — Si on arrive à Saint-Laurent-du-Pont assez à temps, on pourra profiter du départ de la voiture publique (petit break), qui a lieu à 1 h. 30, pour monter à la Grande Chartreuse (prix : 1 fr. 50 par place et 1 fr. pour la bicyclette. *Celle-ci peut facilement se placer à l'arrière de la voiture*). Ce moyen économise un peu les jambes et permet d'arriver au couvent pour l'heure de la dernière visite, qui a lieu à 4 heures.

La r. de la Grande Chartreuse remonte en pente douce le vallon pittoresque du Guiers-Mort jusqu'aux bâtiments de Fourvoirie (1.8). C'est là où se fabriquent les différents produits vendus par les moines, entre autres, la fameuse liqueur connue sous le nom de *chartreuse*.

Au delà de Fourvoirie, commence la dure montée de huit kil. (2 h. 1/2) qui conduit au couvent. Elle débute avec l'entrée du *Désert*, magnifique défilé que domine la r., tracée en corniche, entre deux parois de rochers, couverts d'une magnifique végétation. Au *pont Saint-*

Bruno (**3.2**), un des sites les plus remarquables du parcours, on franchit le Guiers-Mort dont le torrent coule à une profondeur de cinquante m. Plus loin, remarquer à dr. (**1**) le *pic de l'Œillette*, immense rocher en forme d'obélisque se dressant isolé du fond du ravin.

Après avoir successivement traversé quatre tunnels (le plus long mesure quatre-vingts m.), la r. passe à l'embranchement de la Croix-Verte (**1.4**), à l'entrée du *pont Saint-Pierre*, où on laisse à dr. un ch. pour Saint-Pierre-de-Chartreuse (**4**).

On s'écarte du Guiers-Mort pour remonter à g. le vallon du *ruisseau de Saint-Bruno*, et à la bifurcation suivante, on continue par la r. de droite, allongeant de quatre cents m., mais moins rapide que celle de g. Au sommet de la partie la plus escarpée, on rejoint (**0.7**) un autre ch. venant à dr. de Saint-Pierre-de-Chartreuse (on devra suivre ce ch. au retour du couvent); tourner à gauche.

Longeant une belle prairie, fortement inclinée, bientôt vous apercevrez entre les arbres les bâtiments aux nombreux clochers du couvent de la Grande Chartreuse, vaste édifice bâti sur une étroite pelouse entourée de forêts et de montagnes.

Passer entre le mur d'enceinte du monastère, à dr., et un hangar destiné aux voitures, à g., pour gagner, au faîte d'une montée très dure, l'entrée principale du couvent (**1.4**).

Couvent de la Grande Chartreuse. — Les dames ne sont pas admises au couvent; une hôtellerie voisine leur est réservée.

On peut visiter quatre fois par jour le couvent: le matin, à 8 h. et à 10 h., et l'après-midi, à 1 h. et à 4 h. La visite dure 45 min.

Les repas (maigres) pour les visiteurs ont lieu : le déjeuner à 7 h. 45; le dîner à 11 h., midi et 1 h.; le souper à 6 h. ou à 8 h. Prix ; déjeuner, 75 c. ; dîner, 2 fr. 50 ; souper, 2 fr. 50.

Si on désire passer une nuit au couvent, on doit prévenir le *frère hôtelier* qui mettra à votre disposition une cellule (prix : 1 fr.).

Nous engageons le touriste à passer la nuit au couvent afin de pouvoir assister à l'*office de Matines*, psalmodié par les Chartreux, dans la chapelle, entre 11 h. ½ du soir et 2 h. du matin.

Ayant sonné à la porte du couvent, on est reçu par un domestique laïque qui invite à entrer; puis, après avoir placé sa bicyclette dans un couloir à g. de la voûte, on est conduit de l'autre côté de la cour au frère hôtelier, chargé de vous accueillir et de vous donner toutes les indications nécessaires en attendant l'heure de la visite du monastère.

Excursions recommandées au départ de la Grande Chartreuse. — Si on a du temps de reste après la visite du cou-vent, on pourra faire à pied les deux promenades suivantes dans les environs : 1° au **Pavillon** (situé à 20 min. de marche) d'où on jouit d'une vue magnifique sur la Grande Chartreuse ; 2° aux **Chapelles de Notre-Dame-de-Casalibus** et de **Saint-Bruno** voisines l'une de l'autre (4 kil. aller et retour).

Des chemins sous bois, très faciles à trouver, conduisent à ces deux excursions.

Du couvent de la Grande Chartreuse, on peut faire l'**ascension du Grand-Som** (Alt. : 2.033 m,) en 6 h, aller et retour ; trajet facile. S'adresser au portier pour les guides et mulets.

Itinéraire B. — PAR JACOB-BELLECOMBETTE, LE COL DU
FRÊNE, ENTREMONT-LE-VIEUX, SAINT-PIERRE-D'ENTRE-
MONT, LE COL DU CUCHERON, SAINT-PIERRE-DE-CHAR-
TREUSE ET LA DIAT.

Distance : **41** kil. **400** m. *Côtes :* **8** h. **30** min.

Nota. — Cette route, très intéressante, offrant des points de vue
de toute beauté, traverse le massif de la Chartreuse dans sa plus
grande longueur. Nous la rappellerons seulement pour mémoire car,
bien plus pénible que celle par Les Echelles et Saint-Laurent-du-
Pont, elle ne pourra être agréable qu'aux cyclistes ne craignant ni
la marche ni les côtes. Cependant, si on voulait se ménager on
pourrait se faire conduire à voiture particulière jusqu'au sommet du
col du Frêne (prix : 20 fr.).

Au départ de Chambéry, se diriger comme il a été
indiqué plus haut pour se rendre aux Charmettes (*V.*
page 30) et, sur le ch. des *Charmettes*, prendre à dr.
(0.7) celui de Bellecombette. La rampe, continuelle
pendant quinze kil. (5 h. 1/4) jusqu'au col du Frêne,
remonte le petit vallon de Bellecombette. Après ce
village **(2)** une courte descente mène au pont du
Pentel, puis la montée reprend en laissant à dr. le village
de Montagnole. On gravit un désert d'éboulis, d'où on
découvre un immense panorama, et on atteint le tunnel
du *Pas-de-la-Fosse* **(7)** après avoir décrit un grand lacet.
De l'autre côté du tunnel, la rampe s'adoucit pendant
deux kil. La r. contourne à une grande élévation le profond ravin d'Apremont et, traversant les splendides
forêts de sapins du mont de *Joigny*, gagne le *col du
Frêne* **(5.6** — Alt. : 1.161 m.) taillé entre l'escarpe-
ment abrupt du mont *Granier*, à g., et le mont de
Joigny, à dr.; vue splendide.

La descente rapide du col, longue de dix kil., débute par une série de lacets à travers la gorge sauvage du *Cozon* et conduit successivement aux villages d'Entremont-le-Vieux (4.9) et de Saint-Pierre-d'Entremont (5 — Hôt. *Mollard*).

A la sortie de Saint-Pierre-d'Entremont, il faut de nouveau gravir huit kil. de côte, très durs (2 h. 1/2), pour franchir le *col du Cucheron* (8.5 — Alt.: 1.181 m.). On descend ensuite jusqu'à Saint-Pierre-de-Chartreuse (3) et au hameau de La Diat (1.1 — Hôt. du *Grand-Som* ; du *Désert*).

A La Diat, laissant à g. la r. de Grenoble par le col de Porte et Le Sappey (*V.* page 44), on traverse le *Guiers-Mort* pour s'engager sur la r. de Saint-Laurent-du-Pont. Celle-ci descend doucement un étroit défilé, traverse de nouveau le Guiers-Mort, passe devant une maisonnette isolée, au lieu dit du Grand-Logis (0.8), puis atteint (0.4) l'embranchement du ch. de la Grande Chartreuse.

Ici, abandonnant la r. de Saint-Laurent-du-Pont, on gravira le ch. qui s'élève à dr. sous bois, mal entretenu pendant un kil., et qui conduit au couvent (2.4 — Côte : 15').

DE LA GRANDE-CHARTREUSE A GRENOBLE

Par La Diat, Le Sappey et Corenc.

Distance : **28** kil. **600** m. *Côtes :* **2** h. **45** min.

Nota. — Si on n'a pas eu le temps de visiter le couvent, la veille, en arrivant, on le visitera le matin, avant de descendre déjeuner à La Diat.

Au départ de la Grande Chartreuse, un kil. de mauvaise descente. De La Diat au col de Porte, côte longue de sept kil. et demi; ensuite descente de dix-sept kil. Magnifique arrivée à Grenoble dans la vallée de l'Isère.

Descendre à g. du couvent le ch. en pente rapide (à pied : 5') qui passe devant le hangar aux voitures et revenir (**1.4**) au ch. de Saint-Pierre-de-Chartreuse (*V.* page 40). Ici, laissant à dr. le ch. de Saint-Laurent-du-Pont par lequel on est venu, continuer tout droit.

Trois cents m. plus bas on passe devant le bâtiment de la *Correrie*, qui sert aujourd'hui d'hôpital aux Chartreux, puis on descend rapidement (mauvais passage, à pied : 8') pour rejoindre (**1**), dans le fond de la gorge, le ch. meilleur de Saint-Laurent-du-Pont à Saint-Pierre-de-Chartreuse. Cent m. plus loin on laisse à dr. un premier pont; puis on traverse le Guiers-Mort dans le voisinage d'une petite maison portant l'indication du Grand-Logis (**0.4**).

Remontant doucement le vallon boisé on ne tarde pas à sortir de l'étroit défilé pour traverser de nouveau le Guiers-Mort, à g., et arriver ainsi au carrefour de La Diat (**0.8** — Côte : 2'), situé au confluent des torrents des *Corbeilles* et du *Guiers-Mort*, dans un ravissant paysage alpestre.

Ici, laisser à g. la direction de Chambéry (37.8), par Saint-Pierre-de-Chartreuse (1.4) et Saint-Pierre-d'Entremont (12.6 — *V.* page 42), pour prendre à dr. la direction de Grenoble, par le col de Porte.

A La Diat, on s'arrêtera pour déjeuner à l'un des deux excellents hôtels recommandés : soit du *Désert*, soit du *Grand-Som*, situés à peu de distance l'un de l'autre, tous deux très fréquentés par les touristes.

La r. de Grenoble remonte la jolie vallée de Saint-Hugues, fermée, dans le fond, par le pic de *Chamechaude* et limitée, à dr., par les montagnes de la *Pinéa* et du *Charmant-Som*. On laisse à g. (**0.8**) le ch. de Brevardière (**2.5**) et on franchit le torrent des Corbeilles.

Immédiatement après le pont, commence la côte, longue de sept kil. et demi (2 h. 1/2), qui précède le col de Porte. La r., s'élevant sur un plateau fortement ondulé, domine à g. le sauvage ravin et rencontre les hameaux de la Gerbetière et des Guillets. Trois kil. avant d'atteindre le col, elle pénètre sous une magnifique forêt de sapins ; puis, décrivant une courbe, traverse une clairière d'où on a une belle échappée de vue, au-dessus du bois, sur la vallée de Saint-Hugues et le *Grand-Som* dont la crête dénudée borne l'horizon.

Se rapprochant de plus en plus du pied de la Chamechaude, bientôt on atteint le point culminant de la r. au *col de Porte* (**7.5** — Alt. : 1.352 m.). Sur la pente opposée la descente, très rapide, s'effectue encore longtemps sous bois, ensuite débouche dans un beau cirque de montagnes, coupé par une immense brèche qu'on aperçoit vis-à-vis et par laquelle la r. passera plus bas.

Entre le hameau des Sagnes et celui du Mollard, s'élève à dr. l'hôt.-restaurant de *Saint-Eynard* (**3.5**) avec une terrasse dominant tout le paysage.

Au Sappey (**1** — Hôt. des *Touristes*), la pente s'adoucit mais pour peu de temps, car, après avoir dépassé deux scieries, elle reprend très rapide en pénétrant dans le défilé que forme ici le ruisseau de la *Vence*. Plus loin, s'ouvre à dr. le sombre vallon de Vence qui s'enfonce au cœur des montagnes, tandis que notre r., obliquant à g. et continuant à descendre, traverse le *col de Vence* ou du *Sappey* (Alt. : 756 m.).

A la sortie du col (**4.2** — Restaurant des *Alpes* avec terrasse), se déroule un merveilleux panorama s'étendant sur la *vallée de Grésivaudan*, qu'arrosent les méandres de l'*Isère*, sur Grenoble et les montagnes du

Dauphiné. La r. décrit de nombreux lacets sur le flanc du *mont Saint-Eynard*, et en contourne l'énorme rocher; puis elle passe à Corenc (**3.4** — Café-rest. *Bellevue*) et laisse à g. (**0.8**) le ch. qui conduit au vieux *château de Bouquéron* (0.2), transformé aujourd'hui en établissement hydrothérapique; tournants dangereux.

On entre dans Grenoble (Ch.-l. du dép. de l'Isère — 60.439 hab.), dont la situation pittoresque est assurément sans rivale en France, par le faubourg de la *Tronche* et la porte *Xavier-Jouvin*. Suivre le quai *Xavier-Jouvin* jusqu'au deuxième pont, le *pont suspendu*, où on traversera l'Isère. De l'autre côté du pont, le quai de la *République*, à dr., mène presque aussitôt à la petite place *Bérulle*. Ici, tourner à g. dans la rue *Cujas*, ensuite, à dr. dans la rue du *Palais*. Celle-ci aboutit à la place *Saint-André*, où s'élève la statue de Bayard, devant la façade du Palais-de-Justice. Continuant à g. par la *Grande-rue* on gagnera la place *Grenette*, centre du mouvement et des affaires. Sur cette place, prendre la première rue à dr. de la fontaine, la rue *Montorge*, où se trouve situé au nº 7 l'excellent hôt. des *Trois-Dauphins* * (**3.8** — Café *Cartier*. — Atelier de réparation pour les machines : chez M. L. *Fleuret*, fils, *14*, avenue *Alsace-Lorraine*).

Visite de la ville de Grenoble (environ 6 h.) — *Itinéraire de la matinée :* La place Grenette. — Grande rue. — Place et église Saint-André (tombeau de Bayard). — Le Palais de Justice (pourboire : 50 c.). — La statue de Bayard. — Le pont suspendu. — La fontaine du Lion. — Rue Saint-Laurent. — La crypte de l'église Saint-Laurent (pourboire : 30 c.). — Rue et place Saint-Laurent. — Quai Xavier-Jouvin. — Pont de pierre (à g.). — Quai de Brosses (à g.). — Porte de l'Ile-Verte. — La promenade de l'Ile-Verte. — Porte de la Saulée. — Rue Frédéric-Taulier. — La Cathédrale. — Le belvédère de Clérieux (entrée : 35 c.). — Le Monument commémoratif de l'assemblée du Vizille. — Rue du Président-Carnot. — Place-Sainte-Claire. — Rue Alphand. — Rue du Lycée (à dr.) et place Grenette.

(*) — C'est à l'hôt. des *Trois-Dauphins* que Napoléon 1er logea les 7, 8 et 9 mars 1815, à son retour de l'île d'Elbe. Une plaque commémorative, placée dans la salle à manger de l'hôt., rappelle ce séjour.

Itinéraire de l'après-midi : La place Grenette. — Rue du Lycée
(à g.). — Rue du Général-Marchand. — Place de la Constitution.
— Le Musée (ouvert tous les jours de 8 à 5 h., excepté le lundi).
La Préfecture. — Rue Lesdiguières (à g.). — Rue Villars (à dr.).
— Le Muséum (ouvert tous les jours de 11 h. à 4 h., excepté le
lundi). — Le Jardin des Plantes. — Place Vaucanson. — Le square des
Postes. — Boulevard de Bonne (à dr.). — Place Victor-Hugo. —
Cours Berriat. — Cours Saint-André. — Le panorama des Alpes.
— Pont de France. — Quai Perrière. — Montée de Rabot. — Le
belvédère du fort Rabot. — L'église du couvent de la Visitation.
— Montée Chalemont. — Le pont suspendu. — Quai de la Répu-
blique (à g.). — Le Jardin de Ville.

Excursions recommandées au départ de Grenoble. —
Grenoble est de toutes les villes de France, celle dont les environs
offrent la plus grande variété de promenades et d'excursions. Les
principales se trouvent mentionnées dans nos itinéraires à l'arrivée
ou au départ de Grenoble.

De Grenoble aux **Grottes de Sassenage,** *V.* page 48 ; —
au **Château de Vizille,** *V.* page 71 ; — à **Uriage-les-Bains,**
par Vizille, *V.* page 71 ; par Gières, *V.* page 82 ; — au **Château
de Beauregard** et aux ruines de la **Tour-sans-Venin,** *V.*
page 48 ; — au **Château de Bouquéron,** *V.* page 46.

Les cyclistes qui séjourneront à Grenoble pourront consulter utilement le *Guide Rose,* distribué gratuitement par l'administration
des Tramways.

Pour mémoire. — De **Grenoble à Lyon,** par Saint-Egrève
(3), Voreppe (3 — Hôt. du *Petit-Paris*), Moirans (3 — Hôt. *De-
laurier*), Rive-sur-Fure (5 — Hôt. de la *Poste*), La Frette (13),
Champier (10 — Hôt. *Boncalet*), Eclose (5), Bourgoin (11 —
Hôt. du *Parc*), Saint-Alban-de-Roche (4), La Verpillière (8 —
Hôt. *Gallien*), Morelon (6), Saint-Bonnet-de-Mure (6 — Hôt.
Virier), Bron (10) et Lyon (3 — Grand Hôt. des *Négociants; de
Russie*). — à **Vienne,** par Champier (10 — *V.* ci-dessus), Châ-
tonnay (3 — Hôt. *Pichat*), Saint-Jean-de-Bournay (6 — Hôt. du
Nord), La Détourbe (8), Estrablin (6), Pont-l'Evêque (6) et
Vienne (3 — Hôt. de la *Poste*). — à **Valence,** par Moirans (31 —
V. ci-dessus), Tullins (3 — Hôt. de l'*Europe*), l'Albenc (3), Vinay
(6 — Hôt. *Drevet*), **Saint-Marcellin** (9 — Hôt. des *Voyageurs*),
Saint-Lattier (12), Romans (11 — Hôt. de l'*Europe*), Bourg-de-
Péage (1 — Hôt. *Damaine*), Saint-Marcel (10) et Valence (3 —
Hôt. du *Louvre et de la Poste*).

DE GRENOBLE AU VILLARD-DE-LANS

Par Sassenage, Engins et Jaume.

Distance : **31** kil. **800** m. *Côtes :* **4** h. **15** min.
Pavé : **3** min.

Nota. — Cet itinéraire, et les deux suivants, permettent de visiter le massif du Vercors, ainsi que la série des magnifiques gorges d'Engins, de la Bourne, des Goulets et de la Drevenne, qu'on peut considérer comme les curiosités les plus intéressantes du Dauphiné. Entre Sassenage et Jaume, longes côtes de onze et de quatre kil.; route médiocre.

Quitter Grenoble de bon matin afin de pouvoir visiter les grottes de Sassenage avant le déjeuner.

Le cycliste qui voudra se ménager, après la visite assez pénible des grottes, pourra se faire conduire en voiture particulière de Sassenage à Jaume (prix : 15 fr. — S'adresser à l'entreprise *Cyprien* au café du *Commerce*, à Sassenage); il évitera ainsi la partie la plus fatigante du parcours.

Partant de l'hôt. des *Trois-Dauphins*, suivre la rue *Montorge* à g. Parvenu devant l'hospice, tourner à g. et, longeant la grille, continuer par la rue de *France* à laquelle fait suite la rue *Clot-Bey*. Traverser le boulevard *Gambetta* et l'avenue d'*Alsace-Lorraine*, pour prendre, vis-à-vis, l'avenue *Thiers*; un peu plus loin, tourner à dr. sur le cours *Berriat*. Celui-ci est pavé pendant deux cents m. (3'), entre le cours *Saint-André* et le passage à niveau du ch. de fer. Suivant toujours la direction du tramway, à la sortie du faubourg, on obliquera à dr. par la rue *Diderot* menant au pont de fer sur le *Drac*.

(En continuant le cours *Berriat* dans toute sa longueur, on atteint le pont suspendu, celui-ci un peu en amont du nouveau pont de fer, Deux cents m. au-delà du pont suspendu, se détache à g. la r. de Seyssinet conduisant au *château de Beauregard* et à la *Tour-Sans-Venin*, une des plus jolies excursions des environs de Grenoble.

On passe au hameau des Balmes (**3**), au pied des premiers escarpements des montagnes de Saint-Nizier, puis on tourne à dr. pour gravir la rampe (10') qui conduit au coquet village de Seyssinet (**1.5**). Aux dernières maisons de ce village, la nouvelle r. se détache à dr. de l'ancienne et s'élève par plusieurs lacets, tracés les uns au-dessus des autres, jusqu'au **château de Beauregard** (**2** — Côte : 30'). La r. longe ensuite la clôture du parc et, laissant à dr., au-delà de la ferme située derrière le château, le ch. qui conduit (10') au *Désert*, lieu solitaire, bordé de rochers à pic, atteint les ruines de la **Tour-Sans-Venin** (**1.3** — Aub. *Chapot*), à 335 m. au-dessus du château de Beauregard, sur un mamelon rocheux d'où on jouit d'un admirable panorama.)

De l'autre côté du pont, on traverse les champs fertiles de la vallée, qu'arrosent les eaux réunies du Drac et de l'Isère, au pied de magnifiques montagnes, et par une r. absolument plate on arrive à **Sassenage** (**6** — Ch.-l. de c. — 1.549 hab.).

Ici, quittant la r. de Romans (72), prendre à g., devant la promenade, le ch. du Villard-de-Lans.

La rue, qui traverse le village, passe devant la petite église de Sassenage (tombeau sans inscription de Lesdiguières) et atteint la place (**0.5**), ornée d'une fontaine, où se trouve le bureau des guides des *grottes de Sassenage*. Quelques m. avant d'arriver à cette place, avoir soin de laisser sa machine en garde à l'hôt. des *Cuves*, où on déjeunera en revenant de la visite des Grottes.

Les célèbres **grottes de Sassenage** (durée de la visite : 2 h. environ ; quelques passages difficiles. Guide nécessaire, tarif : 2 fr.) ont leur entrée dans la *gorge du Furon* qui s'ouvre derrière la place du village. Dans les grottes, on voit les fameuses *cuves*, sortes de réservoirs naturels dont la quantité d'eau qu'elles contiennent, annonce, dit-on, la fertilité ou la stérilité. Les cuves de Sassenage passaient autrefois pour une des *sept merveilles* du Dauphiné *.

Quand on aura visité les grottes avoir soin de revenir au village par le sentier de la rive g. du Furon, ce qui permet de voir la principale cascade du torrent.

(*) — On désignait jadis comme les six autres merveilles du Dauphiné : le mont Aiguille (*V.* page 60), la Tour-Sans-Venin (*V.* page 49), la Fontaine-Ardente (*V.* page 59), la grotte de la Balme (*V.* page 147), la Fontaine-Vineuse et le Pré-qui-tremble, ces deux derniers dans le Gapençais.

Dépassé la place de Sassenage, on franchit le pont sur le Furon pour commencer à gravir les onze kil. très durs de côte (3 h.) qui conduisent dans le haut vallon du Furon ; à mesure qu'on s'élève, magnifique vue sur les vallées de l'Isère et du Drac.

Après des fours à chaux (**1.3**) et le hameau des Côtes-de-Sassenage (**1.2**), la r., décrivant de grands circuits, quitte la vallée de l'Isère et passe sous un tunnel (**1**) percé au-dessus de l'ancienne r. qui raccourcissait de trois kil. et demi.

Au delà d'Engins (**7.6**), la rampe est moins dure. Toutefois, à part quelques ondulations, il faut encore monter pendant environ quatre kil. (1 h.).

Le vallon, très pittoresque, se resserre peu à peu entre d'immenses rochers émergeant des forêts de pins et bientôt on pénètre dans les *gorges d'Engins*, véritable couloir de roches à l'aspect sauvage présentant de curieuses excavations en forme de cavernes.

A la sortie de ce passage, long d'environ deux kil. et demi, on laisse à dr. une scierie (**4.7**) et on ne tarde pas à déboucher dans la vallée du Villard-de-Lans. Le col est atteint près du hameau de Jaume (**1.7**), où se détache à g. le ch. de Lans (0.6).

A g., les pâturages renommés de la vallée sont bordés par les dentelures arides d'une longue chaîne rocheuse ; tandis qu'à dr. la montagne se couvre de quelques forêts de pins.

Une rampe douce précède le hameau des Eymards (**1.7**), puis on descend vers celui de La Côte (**2**). La r. franchit la *Bourne* au pont des Aniers (**0.7**) ; ensuite, dépassant le hameau des Geymonds (**1**), elle atteint, après une courte montée, la bifurcation (**0.9**) du ch. du Villard-de-Lans, localité située sur une éminence à g. de la r. de Pont-en-Royans.

Si on doit faire étape au Villard-de-Lans, on abandonnera la r. de Pont-en-Royans, devant soi, pour monter le ch. à g. (Côte : 15').

On entre dans le Villard-de-Lans (Ch.-l. de c. — 1.846 hab.) par l'avenue de *Grenoble* et la rue *Victor-Hugo*, menant sur la place de l'*Hôtel-de-Ville*, où se trouve situé à dr. l'hôt. recommandé de la *Poste* (**1.5**).

DU VILLARD-DE-LANS A CHORANCHE-LES-BAINS

Par La Balme, Saint-Julien-en-Vercors, Saint-Martin-en-Vercors, Les Baraques, Sainte-Eulalie et Pont-en-Royans.

Distance : 40 kil. 600 m. *Côtes :* 1 h. 20 min.

Nota. — Magnifique trajet ; descente presque continuelle à travers les gorges les plus pittoresques du Dauphiné. Le terrain laisse un peu à désirer jusqu'à La Balme ; mais devient très bon sur le plateau descendant du Vercors. Une seule côte dure, longue de quatre kil. et demi, après La Balme.

A la sortie de l'hôt. de la *Poste*, descendre à dr. la rue *Centrale* qui passe devant l'église. Plus bas, le ch., contournant le monticule sur lequel est bâti Villard-de-Lans, vient rejoindre (**1**) la r. de Pont-en-Royans ; tourner à gauche.

On descend en pente douce le vallon de la *Bourne* ; puis, ayant traversé au hameau des Jarrand (**2.9**) le *Grand-Ruisseau*, venant de la vallée de Méandre, on pénètre dans les *gorges de la Bourne*. Au delà d'une scierie et d'un premier tunnel (**3**), le site devient curieux et imposant.

On franchit une première fois la Bourne sur le pont de Valchevrière (**1.5**) ; ensuite, une seconde fois, au pont de la Goule-Noire (**1.3**).

(Ici, le cycliste a le choix entre deux directions pour se rendre sur le plateau du Vercors : soit qu'il gravisse la r. à g., avant le pont ; soit qu'il traverse le pont, à dr., et continue à descendre jusqu'au village de La Balme, pour remonter ensuite rejoindre la première r. Dans les deux cas, la longueur de la côte diffère peu ; mais la première r. raccourcit d'environ trois kil.)

Traversant le pont de la Goule-Noire, à dr., on descend jusqu'à La Balme. La gorge élargie devient vallon ; on passe entre deux énormes roches formant comme la porte gigantesque de cette première partie du défilé et l'on arrive à La Balme, au milieu d'un petit cirque de prairies.

A l'entrée du village se détache à dr. le ch. escarpé de Rencurel (route des *Ecouges*, V. l'itin. de la page 55).

Un peu plus bas, vis-à-vis l'hôt. recommandé *Arnaud* (**3.1**), quittant la r. de Pont-en-Royans, on tournera à g. pour traverser la rivière et gravir le flanc de la montagne par un ch. en lacets, assez rude (Côte : 45'); belle vue sur la vallée de Rencurel et les *rochers du Rang*.

Au sommet de la côte, rejoignant (**2.5**) la r. venant du pont de la Goule-Noire (*V.* ci-dessus), le terrain devient bon. La montée continue, quoique plus douce (30'), pour atteindre, après les hameaux des Clots, des Oreets et des Janis, celui du Château-Guillon (**1.7**) sur la limite du plateau du Vercors.

Huit cents m. plus loin, au hameau de La Martelière (**0.8**), commence une agréable descente, de pente modérée, conduisant aux villages plus importants de Saint-Julien (**1**) et de Saint-Martin-en-Vercors (**3.3**). On passe devant la *laiterie du Vercors* (**1.7**), fruitière modèle, située dans un des plus jolis sites de cette charmante vallée, et on atteint bientôt la bifurcation (**1**) du ch. de Saint-Agnan (7), à gauche.

Continuant à dr., notre r. s'élève légèrement et, après un petit tunnel courbe, descend par un gracieux circuit, dans un bassin de prairies, au hameau des Baraques ou des Grands-Goulets (**1.4**). Ici s'arrêter pour déjeuner à l'hôt. *Grenoblois* (recommandé), situé à g. de la route.

Au hameau des Baraques, on laisse à g. la r. de La Chapelle-en-Vercors (6) pour continuer à dr. par la r. de Pont-en-Royans et les gorges des Grands-Goulets. A l'angle des deux r., une plaque commémorative, posée sur la paroi du rocher, rappelle le souvenir d'*Adrien Joubert* et d'*Ernest Joubert,* son fils, promoteurs de la r. des Grands-Goulets, construite de 1844 à 1851.

Le fameux passage des **Grands-Goulets**, qui rivalise en beauté et en hardiesse avec les plus vantés de la Suisse, débute par une série de tunnels; puis, taillé en corniche, en plein roc, domine à une hauteur vertigineuse le torrent du *Vernaison*.

Au delà des tunnels, on fera bien de mettre pied à terre pour mieux voir le torrent, qui s'épanche en mille cascatelles, et admirer l'entrée de la profonde vallée vers laquelle on descendra. Ce paysage, splendide de sauvage majesté, est des plus impressionnants.

Après avoir encore traversé plusieurs galeries et dé-passé une maison isolée, commencent les deux grands lacets qui mènent au fond de la vallée, au pont du Ra-bot (**7.6**), hameau dépendant de la commune d'Echevis.

La r., à présent sur la rive g. du Vernaison, s'élève un moment (5'), descend un peu, puis remonte en pente douce pour gagner, à l'entrée d'un nouveau tunnel (**2.1**), l'accès des *Petits-Goulets*, dans le voisinage d'une énorme fissure de rocher entre laquelle s'écoule la rivière; successivement, on traverse cinq galeries. Ce passage, également très beau, mais relativement court, débouche sur une région moins sauvage, entrecoupée de plateaux fertiles et ombragés. A dr., le Vernaison se taille un profond sillon vers la vallée de la Bourne.

Au village de Sainte-Eulalie, on rejoint (**1.2**) la r. de Saint-Laurent (3) à Pont-en-Royans; tourner à dr. dans cette dernière direction; descente douce pour traverser le Vernaison près d'un moulin.

Les abords de Pont-en-Royans (Ch.-l. de c.—1.048 hab.), très ancienne petite ville, située au confluent de la Bourne et du Vernaison, sont très pittoresques. Les vieilles mai-sons du bourg s'étagent en amphithéâtre sur le flanc de rochers escarpés; celles construites sur le bord de la rivière sont soutenues par de curieux échafaudages.

Entrant par l'avenue *Thiers*, quelques m. plus loin, un étroit pont (**2.3**) relie les deux quartiers de la ville, sé-parés par le profond précipice de la Bourne.

Laissant le pont à g., on continuera devant soi en s'en-gageant dans la vallée de la Bourne, qui forme à cet endroit un joli défilé agrémenté de cascades.

Une rampe douce, succédant au *pont Rouillat* (**0.8**), conduit, dans le vallon élargi, devant l'excellent *Grand-Hôtel Continental* de Choranche-les-Bains (**1.5** — Pen-sion de 6 à 7 fr. par jour), où on devra s'arrêter.

A quelques m. de distance, se trouve, situé à dr., le nouvel *établissement thermal* de Choranche, charmante station appelée à beaucoup d'avenir (Traitement des ma-ladies de poitrine et de la gorge, de la scrofule, du goitre, des douleurs).

DE CHORANCHE-LES-BAINS A GRENOBLE

Par Choranche, La Balme, Rencurel, Romeyère, Saint-Gervais, Le Port, Saint-Quentin, L'Échaillon, Veurey, Noyarey et Sassenage.

Distance : **67** kil. **900** m. *Côtes :* **5** h. **22** min.

Nota. — Route des plus intéressantes, remontant la partie inférieure des gorges de la Bourne et faisant voir le curieux passage du saut de la Drevenne.

De Choranche au col de Romeyère, côte très dure, longue de seize kil. et demi ; sur le versant opposé du col, le terrain est mauvais durant quatre kil. Si on veut arriver le jour même à Grenoble, on fera bien de déjeuner de bonne heure à La Balme ; puis de se faire conduire en voiture particulière de La Balme jusqu'au pont des Écouges, à l'entrée de la gorge de la Drevenne (voitures à l'hôt. *Arnaud*, à La Balme ; prix modérés). Du pont des Écouges à Saint-Gervais, descente rapide. De Saint-Gervais à Grenoble, excellent parcours ; terrain plat, quelques ondulations insignifiantes. De Veurey à Grenoble, on peut utiliser le tramway à vapeur dont le dernier départ a lieu à 6 h. 40 du soir. Au besoin on peut coucher au Port, à Saint-Quentin ou à Veurey.

De Choranche-les-Bains au village de Choranche (**2**), la rampe s'accentue ; puis la r. s'élève (Côte : **1** h. **50'**) à une grande hauteur au-dessus de la vallée en passant au hameau du Sellier (**2**). A dr. des cascatelles s'échappent de roches à pic; tandis qu'à g. se dressent les parois boisées des *rochers de Presles* et du *Rang*.

Les montagnes, se resserrant peu à peu, forment bientôt l'une des parties les plus intéressantes des *gorges de la Bourne* (**3**). La r., taillée dans le roc, surplombe l'abîme et traverse deux tunnels. A la sortie du second (**2.2**), la rampe s'adoucit; on rejoint le niveau du torrent, aux flots calmés, et, ayant dépassé une scierie, on arrive au hameau de La Balme (**0.9**).

Nota. — S'arrêter pour déjeuner à l'hôt. recommandé *Arnaud*; puis, si on ne tient pas à parcourir encore treize kil. à pied, après les sept kil. de côte la matinée, on commandera une voiture pour se faire conduire de La Balme jusqu'au pont des Ecouges. Ne pas trop s'attarder à La Balme si on veut arriver le soir même à Grenoble.

Aux dernières maisons de La Balme, abandonnant (**0.2**) la r. du Villard-de-Lans, déjà connue, on gravira à g. (Côte : 2 h. 30') le ch. qui remonte en lacets à travers les pâturages de la verdoyante vallée de Rencurel. Celle-ci est bordée des deux côtés par des forêts de hêtres et de sapins, et limitée à dr. par une belle ligne de rochers.

Après le hameau du Cordier (**1.5**), on passe au-dessous de l'église du village de Rencurel (**1.5**); puis le ch., décrivant plusieurs circuits au milieu des prairies, traverse le ruisseau au pont du Mas (**1.5**). On s'engage dans un étroit vallon et, au-delà d'un second pont, successivement on dépasse les hameaux de Reppelin et de Prélans, pour enfin atteindre le *col de Romeyère* (**4.8** — Alt. : 1.074 m.), situé à cent m. du hameau du même nom.

Sur le revers opposé du col le ch., très rocailleux et mal entretenu (à pied : 1 h.), descend en pente douce, ou se maintient de niveau en longeant, très élevé, le vallon de la *Drecenne* ainsi qu'une partie des *pâturages des Ecouges*. A dr., la montagne est couverte de forêts de sapins d'où émerge une longue crête de rochers. A g., le versant présente des taillis clairsemés. Une descente rapide conduit au *pont des Ecouges* (**4**), où, enfin, le terrain s'améliore.

Nota. — Si, suivant notre conseil, on est venu de La Balme en voiture, l'abandonner ici et faire à pied le court passage de la gorge de la Drevenne. Le site mérite qu'on s'y arrête un moment; aucune description ne pouvant en exprimer la sauvage grandeur.

Laissant à dr. le pont, dont le ch. conduit dans la partie supérieure des pâturages des Ecouges, on continuera à g. pour s'engager dans la **gorge de la Drevenne**, une des plus remarquables curiosités naturelles du Dauphiné.

Ce passage, véritablement fantastique, débouche, au-delà d'un tunnel, sur un balcon, taillé dans le roc, à une hauteur prodigieuse, offrant un panorama merveilleux des Alpes de la Savoie et de la plaine de l'Isère. La construction de l'étroit ch., d'abord creusé en encorbellement dans le vif du *rocher de l'Echelle,* puis, décrivant des lacets extraordinaires jusqu'au fond de l'immense abîme, tient du merveilleux.

Après avoir contourné par une courbe d'une hardiesse inouïe le rocher du *mont Méril,* le ch., revenant sur ses pas, se dirige, au-delà d'un récent éboulement de la montagne, vers la colossale et sinistre fissure d'où s'échappe une magnifique cascade formée par la Drevenne, tombant de plus de cent cinquante m. de haut.

Ici, au pont (**2.9**), s'arrêter encore pour admirer la belle chute d'eau et donner un dernier coup d'œil à l'invraisemblable descente qu'on vient d'accomplir depuis le sommet du rocher de l'Echelle.

S'éloignant de ces sublimes beautés de la nature, la pente rapide entraîne vers une région ravissante, qui domine la superbe vallée de l'Isère. Un nouveau lacet conduit au pied des ruines du château de Saint-Gervais, et l'on ne tarde pas à arriver au village du même nom (**5.5**) où se termine la descente.

A présent, traversant de fertiles champs, couverts de noyers et d'arbres fruitiers, on rejoint, au hameau du Port (**1.4** — Hôt. *Dherbey*), la r. de Romans (43) à Grenoble; tourner à droite.

Après une courte montée (2'), l'excellente r. de Grenoble descend au-dessous de la colline du château de Saint-Gervais, ensuite remonte si insensiblement la vallée de l'*Isère*, qu'elle peut être considérée comme plate, à part quelques très faibles ondulations.

Successivement on dépasse La Rivière (**5.3** — un raidillon), à dr. sur une colline ombragée de beaux noyers, et, après une montée de trois cents m., le village de Saint-Quentin (**5.2** — Hôt. du *Nord*).

Une rampe douce de quatre cents m., suivie d'une légère descente, amène au pied du *bec de l'Echaillon* (**5.8**), promontoire de la montagne, où sont exploitées d'importantes carrières de pierre.

La r. se rapproche de l'Isère et suit le bord du fleuve, entre le massif de la Grande Chartreuse, à g., et celui du Vercors, à dr. De ce côté, se trouve l'hôt. de l'*Echaillon-les-Bains* (**1.2**), dans le voisinage d'une source d'eau sulfureuse, aujourd'hui abandonnée.

Depuis Veurey (**2.1** — Hôt. de la *Rive*), on longe la ligne du tramway à vapeur de Grenoble passant par Noyarey (**3.3**) et Sassenage (**5** — Hôtel *Delarbre*).

De Sassenage à Grenoble (**6** — Pavé : **3**), V. page 18, en sens inverse.

DE GRENOBLE A CLELLES

PAR PONT-DE-CLAIX, VARCES, VIF, LE MONESTIER-DE-
CLERMONT ET LE COL DU FAU.

Distance : **49** kil. **300** m. *Côtes :* **3** h. **50** min.

Nota. — Cet itinéraire et les trois qui suivent détaillent la route
de Grenoble à Gap, aller et retour. Superbe parcours qu'on pourra
faire en quatre étapes.

Route plate jusqu'au Vif. De Vif au col du Fau, montée continuelle dont huit kil. et demi de côte dure. Entre le col du Fau
et Clelles, deux autres côtes, longues de seize cents m. et d'un kil.

De Grenoble au Pont-de-Claix (**8.1**), *V.* page 71.

Sur la place de Pont-de-Claix, laissant à g. la r. de La
Mure, par laquelle on reviendra de Gap, on prendra
à dr. la r. du Monestier-de-Clermont, suivie par la ligne
du tramway.

Cent m. plus loin, la r. traverse la rivière du *Drac*
sur un nouveau pont, placé à côté du *pont de Claix* primitif. Celui-ci, autrefois considéré comme une des *sept
merceilles* du Dauphiné, est bâti en dos-d'âne et présente une seule arche élevée à seize m. au-dessus du torrent. Cette arche forme le curieux encadrement d'un
ravissant paysage sur la vallée du Drac.

La r., plate, passe au pied d'une petite chaîne de
rochers et remonte insensiblement la vallée de la *Gresse*
qui, jusqu'à Vif, se confond pour ainsi dire avec celle
du Drac, les deux cours d'eau n'étant séparés que par
une plaine étroite, entourée du même cirque de belles
montagnes.

Au village de Varces (**4.5**), se termine la ligne du
tramway. On continue à plat en longeant la rivière,
qu'on traverse à l'entrée de Vif (**3.6** — Ch.-l. de c.
— 2.792 hab.). Sur la place de l'*Hôtel-de-Ville*, s'arrêter
pour déjeuner à l'hôt. recommandé du *Nord*.

Nota. — Ici, nous conseillons au cycliste qui voudra se ménager de commander une voiture particulière (prix : 12 fr.) à l'hôt. du *Nord*, pour se faire conduire, après déjeuner, jusqu'au sommet du col du Fau. On évitera ainsi dix-huit kil. de montée consécutive.

A la sortie de l'hôt. du *Nord*, continuer à traverser Vif, à g., par la *Grande-Rue*. Hors du village, là où se détache à dr. (**0.8**) le ch. des Saillants (3.5), commence la longue montée qui conduit au col du Fau.

La r. s'élève (1 h. 45') au-dessus de la vallée de la Gresse, à dr., au milieu de pâturages et de champs fertiles, parsemés de noyers. On passe sous un des plus beaux viaducs de la *ligne de Grenoble à Gap*, en remarquant, à g., le hardi tracé de la voie décrivant deux courbes superposées à flanc de montagne.

Du hameau du Crozet (**1.4** — belle vue) à celui du Sert (**1.6**), on gravit de grands lacets parmi les prairies ; à dr., au fond de la vallée, apparaît le village des Saillants.

La rampe s'adoucit pendant un kil., puis reprend assez raide durant deux kil. (30'); on passe devant la station de Saint-Martin-de-la-Cluse (**4.7**).

(Un ch. à dr., près d'une auberge, conduit dans le vallon de la Gresse, à la *Fontaine ardente*, autrefois une des *sept merceilles* du Dauphiné. Cette fontaine se trouve située dans un ravin voisin du hameau de La Pierre. Dans ces parages sort, à travers les interstices du sol, une émanation de gaz combustibles qui brûlent en donnant une vive flamme bleuâtre. Des travaux (qui ont échoué) ayant pour but d'utiliser ces gaz ont complètement modifié la disposition du sol et rendu le phénomène insignifiant).

Traversant le passage à niveau, on laisse à g. (**0.2**) le ch. de Sinard (6) et, montant toujours, on atteint une grande élévation. La r., en terrasse, passe au-dessus du tunnel du ch. de fer et décrit un gracieux tournant; nouvelle côte d'un kil. et demi (20'). A g., la voie ferrée présente une succession ininterrompue de travaux d'art : tunnels et viaducs. La contrée, aux maigres champs, se dépeuple peu à peu; à g., un autre ch., venant de Sinard (3.5), rejoint le nôtre (**8**).

La côte reprend pendant deux kil. (35') et mène au Monestier-de-Clermont (**0.6** — Ch.-l. de c. — 631 hab. — Hôt. du *Lion-d'Or*); puis après ce village, au-dessus des prairies, au *col du Feu* (**1.7** — Alt. : 892 m.), où se détache à g. la r. de Mens (19.3).

Continuant à dr. dans la direction de la Croix-Haute on passe du bassin de la *Gresse* dans celui de l'*Ebron;* courte descente de cinq cents m. La r. domine à présent la région du *Trièves,* grand plateau de pâturages affectant la forme d'un immense cirque, assez déboisé, creusé par des torrents et entouré de hautes montagnes; vue très étendue.

Une descente insensible, coupée par deux ruisseaux pavés, conduit au bas de la station de Saint-Michel-les-Portes (**4.8**), voisin du hameau de Saint-Michel (**1**). La descente s'accentue, avec tournants brusques, pour traverser le *torrent de Torannes* (**1.8**), auquel succède une côte de seize cents m. (25').

Laissant à g. le village de Saint-Martin-de-Clelles (**2.2**), on s'élève par une rampe douce pour se rapprocher du magnifique viaduc qui franchit le ruisseau du vallon de Chichilianne, au pied du fameux *Mont-Aiguille,* jadis considéré comme une des *sept merveilles* du Dauphiné.

Après le pont (**2.9**), un nouvelle côte d'un kil. (15') précède la petite descente conduisant dans le voisinage de la station de Clelles (**1.4** — Hôt. de la *Gare*).

DE CLELLES A GAP

Par le col de La Croix-Haute, La Croix-Haute, Le Grand-Logis, Saint-Julien-en-Beauchêne, La Rochette, La Faurie, Pont-la-Dame, Veynes, La Roche et La Freissinouse.

Distance : **76** kil. **300** m. *Côtes :* **3** h. **4** min.

Nota. — Belle route présentant trois fortes côtes ; entre autres celle du col de la Croix-Haute, longue de cinq kil. et demi. Du col de la Croix-Haute jusqu'au Pont-la-Dame, descente douce. Au-delà du Pont-la-Dame, côte de deux kil. et demi, puis rampe de dix-huit-cents m. après La Roche. Magnifique descente de six kil. en arrivant à Gap.

La r., laissant à g. le ch. descendant à Clelles, s'élève peu à peu sur le flanc mameloné de la colline, et atteint la halte de Trièves (**5.9**), où se détache à g. le ch. de Mens (12.9). On descend pour traverser un torrent, et, par deux côtes (5' et 1'), on gagne une maison isolée (**2.4**) dépendant du Monestier-du-Percy, village situé à deux kil. à gauche.

La r. contourne deux ravins et passe au-dessus du village de Saint-Maurice-en-Trièves (**4.4**) ; montée (2'). Près de là commence une côte, longue de cinq kil. et demi (1 h. 30'), qui conduit au col de la Croix-Haute ; à g. se détache (**2.8**) le ch. de Lalley (1.6), dans la direction de Mens (17) et de La Mure (35).

On s'élève durement à travers une gorge boisée, entre la *montagne de Joron*, à dr., et celle d'*Acers*, à g., pour atteindre le *col de la Croix-Haute* (**4.2** — Alt. : 1.176 m.), ligne de partage des bassins de l'*Ebron* et du *Buech*.

De l'autre côté du col la descente, douce, s'effectue dans un ravin sauvage, bordé de hautes montagnes arides, où prend naissance le ruisseau du *Lunel*. On traverse le hameau de La Croix-Haute (**2.7**), et, ayant laissé à dr. (**0.3**) le ch. de Die (**42**), après un raidillon (**1'**), on arrive au hameau du Grand-Logis (**3.3**).

Nota. — Si on s'arrête à Lus-la-Croix-Haute, on prendra à g., au Grand-Logis, le ch. qui conduit au village, situé en dehors de la grande r., au pied de la montagne de *Clairet*.

Une côte dure (10') mène sur la place de l'église de Lus-la-Croix-Haute (1.1) où se trouve l'hôt. de la *Poste*. Du village un autre ch. descend rejoindre la grande route (1).

La r., ayant longé le petit plateau de prairies de Lus-la-Croix-Haute, laisse à g. (**1**) le second ch. conduisant à ce village et ne tarde pas à rejoindre le confluent du large torrent du *Buech*; descente très douce entre le cours d'eau et la ligne du ch. de fer.

Dépassant la limite (**2.4**) des départements de la Drôme et des Hautes-Alpes, on traverse le Buech, puis la voie ferrée. La r., excellente, abritée par des peupliers, suit une vallée assez âpre et gagne Saint-Julien-en-Beauchêne (**4.1** — Hôt. *Rougier*); petite montée (2').

Au-delà de ce village, après avoir franchi deux fois le torrent, on contourne un promontoire de roches curieusement découpées; sur l'une d'elles se dressent, véritable nid d'aigle, les ruines du *château de la Rochette* (**3.9**).

La végétation reparaît plus vive dans les parages de Saint-André-de-Beauchêne, village situé à dr., en dehors de la r., à l'entrée du vallon de l'*Aiguebelle*; on passe sous le ch. de fer à La Faurie (**2.8** — Montée : 2'). Plus loin, après le hameau de La Valette (**1.3**), la vallée se resserre; traversant (**1.5**) le torrent de l'*Aignielles* on pénètre dans un court défilé conduisant à l'embranchement du Pont-la-Dame (**1**).

Ici, abandonner à dr. la r. de Serres (16), qui traverse le pont, et prendre à g. le ch. de Veynes.

Celui-ci s'élève durement par une côte, longue de deux kil. et demi (40'), à flanc de montagne, entre le roc *Seras*, à g., et les *bois du Monget*, à dr.; très belle vue sur la vallée élargie du Buech.

Le col (Alt. : 908 m.) franchi, une belle descente en lacets conduit dans la vallée du *Petit-Buech* qu'environnent les montagnes des Hautes-Alpes. Au hameau de Saint-Marcellin (**4.5**) le ch. tourne à g. et se dirige vers Veynes. Montée légère, en passant devant la gare, pour rejoindre (**1.5**) la r. de Briançon à l'entrée de Veynes (**1** — Ch.-l. de c. — 2.003 hab. — Hôt. *Dousselin*, recommandé).

On traverse cette localité par les rues *Notre-Dame*, *Sous-le-Barry* et du *Bourg*. La r. remonte ensuite la vallée du Petit-Buech (Côtes : 5', 5', 4' et 2'), entre des montagnes pelées, et longe la ligne de ch. de fer.

Au hameau de la Madeleine (**2.5**) se détache à g. le ch. de La Cluse (11), au débouché du large torrent dévastateur du *Labéoux*, descendant du *massif du Décoluy*. Trois kil. plus loin, on passe entre la station de Montmaur, à dr., et un second ch. pour La Cluse (11) à gauche.

Après le village de La Roche (**8.4**), la r. franchit le ruisseau de l'*Epercier*; puis gravit une rampe de dix-huit cents m. (25'), suivie d'une légère descente, menant à La Freissinouse (**5.5**); petite montée.

Contournant la montagne de *Charance*, on découvre bientôt un magnifique panorama sur la vallée de la *Luye* et les hautes montagnes qui l'environnent. La r., d'abord tracée de niveau, passe au-dessous du hameau de La Selle (**1.6**); ensuite atteint le commencement d'une belle descente, en partie rapide, longue de six kil., conduisant à Gap (Ch.-l. du dép. des Hautes-Alpes. — 10.478 hab.).

On entre en ville par l'avenue de *Veynes* à laquelle fait suite le boulevard de la *Liberté*, vis-à-vis le grand bâtiment du lycée. A l'extrémité du boulevard, traverser la place du *Recelly* et continuer par la rue *Faure-du-Serre*. A la place *Ladoucette*, ornée de la statue du préfet de ce nom, contournant la caserne à dr., on descendra la rue *Carnot* et, quelques m. plus loin, on s'arrêtera soit à l'hôt. du *Nord*, à g., soit à l'hôt. des *Négociants*, à dr. (**7.3**).

Visite de la ville de Gap. — La ville offre peu de curiosités à part la Cathédrale, édifice moderne de style roman, et le mausolée de Lesdiguières, exposé à la Préfecture.

Pour mémoire. — De **Gap** au **Lautaret**, par La Bathie-Neuve (**10** — Hôt. du *Siècle*). Chorges (**7** — Hôt. des *Alpes*), route de Sisteron (**7**), Savines (**5** — Hôt. *Taron*). Les Crottes (**6**), **Embrun** (**5** — Ch.-l.-d'arr. — 4.017 hab. — Hôt. de *France*). Châteauroux (**7**), Saint-Clément (**6**). Plan-de-Phazy (**3**). Mont-Dauphin (**2**), Saint-Crépin (**6**), La Roche (**3**), La Bessée (**6**), Queyrières (**1**), Saint-Martin (**3**), Prelles (**2**). Saint-Blaise (**1**), Chamendrin (**1**), **Briançon** (**3** — Ch.-l. d'arr. — 6.580 hab. — Hôt. de la *Paix*). Saint-Chaffrey (**1**). Chantemerle (**2**). La Chirouze (**2**), Villeneuve (**2**), Les Guibertes (**3.5**), Le Monetier-les-Bains (**2.5** — Hôt. *Izoard*). Le Casset (**3.5**). Le Lauzet (**1**) et le col du Lautaret (**1.5** — *Grand Hôtel Bonnabel*).

Cette r., qui remonte la vallée de la *Luye*, s'élève assez fortement à la sortie de Gap ; ensuite gagne La Bathie-Neuve par une série de petites montées et de descentes. De La Bathie-Neuve à Chorges, plateau ondulé. Depuis Chorges, descente rapide à travers un vallon rocheux, très aride, venant rejoindre la r. de Sisteron dans la vallée de la *Durance*. Le sol, d'abord à peu près plat, s'accidente beaucoup au delà de Savines. Une côte dure précède Embrun.

D'Embrun à Châteauroux, longue montée suivie d'ondulations ; descente à Saint-Clément. De Saint-Clément à La Roche, plaine et bon terrain. La r. passe au pied de la forteresse du Mont-Dauphin, située au sommet d'un énorme rocher qui domine le confluent de la *Durance* et du *Guil*. Après La Bessée, on traverse de belles gorges et, par une côte dure, en lacet, longue de trois kil., suivie d'ondulations accentuées, on atteint Briançon.

A partir de Briançon, la r. remonte la vallée de la *Guisane* ; puis continue très ondulée jusqu'à Chantemerle. Entre Chantemerle et Le Monetier-les-Bains (établissement thermal ; eau recommandée pour les maladies de l'estomac, les paralysies, les ankyloses et les fractures), rampe légère. Du Monetier-les-Bains au col du Lautaret, montée continuelle, dure. Après Le Lauzet, la r. passe sous deux tunnels longs de quatre cents et de cent cinquante mètres.

DE GAP A CORPS

Par le col Bayard, Chauvet, Laye, Brutinel, Les Baraques, La Guinguette et Chauffayer.

Distance : **36** kil. **800** m. *Côtes :* **3** h. **29** min.

Nota. — Route de montagne très intéressante mais assez dure. De Gap au col Bayard, côte de six kil. Du col Bayard au pont de la Guinguette, descente continuelle ; ensuite très accidenté jusqu'à Corps ; plusieurs montées et deux côtes de onze cents m. et de deux kil. et demi. Descente dangereuse après Chauffayer.

Le cycliste qui voudra se ménager pourra se faire conduire en voiture particulière de Gap au col Bayard (prix : 5 fr.) en s'adressant à l'entreprise *Cheval* à Gap. Dans ces conditions, il lui sera possible d'atteindre La Mure (*V.* page 68) le même jour, sans trop de fatigue.

Quitter Gap en remontant la rue *Carnot* jusqu'à la place *Ladoucette ;* puis continuer devant soi par l'avenue d'*Embrun* qu'on suivra pendant une centaine de m. Tourner ensuite à g. sur l'avenue de *Grenoble*.

Dès qu'on a traversé le passage à niveau du ch. de fer commence la côte, très dure, longue de six kil. (2 h. 15'), qui par de nombreux et cours lacets conduit au *col Bayard*.

Au hameau de Puymaubeau (**4**), se détache à dr. le ch. d'Orcières (**21**), par La Plaine (**10**) ; à g., se dresse la montagne dénudée de *Charance*. On atteint le sommet du col (Alt. : 1.246 m.) près du village de Chauvet (**2.5**) ; puis, dépassant une maison cantonnière (**0.9**), commence la descente vers le bassin du *Drac*. D'abord assez douce, elle s'accentue plus rapide pendant deux kil. et demi ; à dr., apparaît le cône du mont *Chaillol*.

Au-delà du village de Laye (**3**), on franchit, au hameau de Brutinel (**2.4**), le torrent de ce nom qui vient grossir le Drac.

3.

Au hameau des Baraques (**1.8**), à l'angle de l'hôt. *Gentillon* (où on pourra s'arrêter pour déjeuner), se détache à dr. le ch. de Saint-Bonnet (1), gros village situé sur une hauteur de l'autre côté de la rivière.

La r., toujours descendante, se rapproche du Drac dont la pittoresque vallée est limitée : à dr., par la chaîne rocheuse des monts *Thuron* et de la *Fontaine*, et, à g., par les belles dentelures de la montagne de *Ferraud*. Petite côte (2').

On traverse plusieurs torrents avant d'arriver au hameau de la Guinguette (**8.1**); puis, un kil. plus loin, ayant franchi le Drac (**1**), il faut gravir une première côte de onze cents m. (15'), prélude de la région très accidentée qu'on aura désormais à parcourir jusqu'à Vizille.

A mesure qu'on s'élève, très belle vue sur le vallée du Drac et les hautes montagnes sauvages qui l'encadrent. On atteint bientôt le joli plateau de prairies sur lequel est situé le village de Chauffayer (**2**), à l'entrée de la vallée de la *Séceraisse*, dont le torrent arrose dans toute sa longueur le pittoresque pays du Valgaudemar, dominé par le beau *pic d'Olan*.

On laisse à dr. (**0.4**) un ch. qui revient vers Saint-Bonnet (13), par le haut des collines, et, trois cents m. plus loin (**0.3**), le ch. conduisant par Saint-Firmin (6) à La Chapelle (21) dans le Valgaudemar. Descente très rapide, à tournants brusques, longue de deux kil., pour traverser la Séveraisse, près de son confluent avec le Drac.

De l'autre côté du torrent, une montée (4') mène au second embranchement (**3.6**) d'un deuxième ch. à dr. pour Saint-Firmin (**4**) et La Chapelle (20); ensuite, par deux raidillons (2' et 2'), on atteint le hameau du Motty (**1.6**), sur le bord d'un nouveau torrent.

Ici, se présente une côte de deux kil. et demi (40'), pendant laquelle on aura le loisir d'admirer : en arrière, un point de vue magnifique sur la vallée supérieure du Drac et, à g., sur les profonds vallonnements que creuse cette rivière torrentueuse au pied du massif de montagnes, dominé par la *Grande Tête-de-l'Obiou*.

La r., admirablement tracée en balcon, atteint (**3.4**) la

limíte des départements des Hautes-Alpes et de l'Isère; et, par trois nouvelles montées (5', 2' et 2'), gagne Corps (**1.8** — Ch.-l. de c. — 1.226 hab.), où on s'arrêtera à l'hôt. recommandé du *Palais*.

Pour mémoire. — Les cyclistes qui voudront faire l'excursion du célèbre **pèlerinage de Notre-Dame-de-la-Salette** doivent s'arrêter à Corps d'où part la r. conduisant à l'église de Notre-Dame-de-la-Salette, située au pied du *Mont-Gargas*. Ce trajet, long de dix kil., présentant une montée continuelle des plus dures, il y a tout avantage à le faire en voiture : soit par le service public (prix 6 fr. 50, aller et retour), soit en louant une voiture particulière à l'hôt. du *Palais* à Corps (prix 15 fr.).

DE CORPS A GRENOBLE

Par Quet, La Salle, Les Égats, Pont-Haut, La Mure, Pierre-Chatel, Petit-Chat, Laffrey, Vizille et Pont-de-Claix.

Distance : **63** kil. **400** m. *Côtes :* **2** h. **45** min.

Nota. — Route . très accidentée ; magnifiques paysages. De Corps aux Égats, deux côtes : de quinze cents m. et de deux kil. ; et trois fortes descentes. Des Égats au Pont-Haut, descente rapide, en partie dangereuse, longue de quatre kil. et demi. Du Pont-Haut à La Mure, côte dure de quatre kil. sept cents m. De La Mure à Pierre-Châtel, ondulé. De Pierre-Châtel à Laffrey, accidenté ; série de côtes et de descentes courtes. De Laffrey à Vizille, superbe descente, longue de plus de sept kil. De Vizille à Grenoble, plat, plutôt descendant.

En quittant Corps, on laisse à dr., dans le village, le ch. de la Salette (10 — à l'église du pèlerinage) et, par une rapide descente, on franchit le ruisseau de la gorge de la Salette ; à dr., *couvent de Saint-Joseph.*

Après une côte (17'), offrant un très beau panorama à g. sur les *montagnes du Décoluy* que termine la *Tête-de-l'Obiou,* une seconde descente rapide aboutit à un pont courbe jeté au-dessus d'un nouveau ravin.

Rampe assez douce de quinze cents m., puis la r. ondule à une grande élévation à flanc de montagne et passe à Quet (**9** — Montée : 2').

De Quet au pont de La Salle (**4**), magnifique descente. Cinq cents m. plus loin, au hameau de La Roche, commence une côte de deux kil. (25'), conduisant au hameau des Égats (**3**).

La r., s'éloignant de la vallée du Drac, descend sans

discontinuer, parfois très rapidement (mauvais passage au hameau des Terrasses), sur les plans inclinés du *Beaumont*, couverts de riches cultures.

Avant de traverser le Pont-Haut (**4.5**), dans le profond et sauvage ravin de la *Bonne*, on laisse à dr. le ch., très intéressant de Valbonnais (8.4) et du Bourg-d'Oisans (41.2) par le col d'*Ornon*.

De l'autre côté du pont, une côte, longue de quatre kil. sept cents m. (1 h. 20'), gravit le plateau de La Mure en décrivant du nombreux zig-zags.

Entrant dans La Mure (**4.7** — Ch.-l. de c. — 3.401 hab.) par la rue des *Alpes,* on arrivera vis-à-vis l'excellent hôt. recommandé *Pelloux,* où on s'arrêtera pour déjeuner.

A la sortie de l'hôt., suivre à g. la rue des *Fossés,* puis la rue du *Breuil.* Sur la place de la *Liberté* (bel Hôtel de Ville), continuer à dr. par la rue du *Nord* (Côte : 4') dont le prolongement, l'avenue *Deluns-Montaud,* passe devant la gare (**1**).

Ici, laissant à g. le ch. de Montaynard (13), par La Motte-d'Aveillans (6), on gravira à dr. la r. de Vizille. Au sommet de la côte (4'), une descente douce, suivie d'une rampe légère, au milieu d'un plateau de pâturages, limités des deux côtés par des montagnes assez basses (à g., mines importantes d'anthracite), conduit au village de Pierre-Châtel (**4.9** — Montée : 2').

La r. ondule et présente une série de descentes et de côtes (5', 6', 2', 3', 4' et 2') jusqu'à Laffrey. Sur ce parcours on longe les rives des trois lacs de : *Pierre-Châtel* (**1.5** — à peu près circulaire et large d'environ douze cents m.), du *Petit-Chat* (**1.9** — long de quinze cents et large de sept cents m,), voisin du village de ce nom (**1.6** — Côte : 3'), et de *Laffrey* (long de trois kil. et large de huit cents m.); la perspective de la première de ces nappes d'eau restant un peu cachée par une ceinture d'arbres.

On monte encore deux côtes (4' et 2'); puis, s'écartant de la région des lacs, après un raidillon, on atteint Laffrey (**2.8**). Dans ce village, remarquer à g., sur le mur du cimetière, une plaque commémorative rappelant les paroles adressées par Napoléon, lors de son retour de l'île d'Elbe, aux soldats chargés de l'arrêter.

Au sortir de Laffrey débute une longue et rapide descente, tracée sur le flanc du mont *Conex*, conduisant jusqu'à Vizille ; vue admirable de la vallée de la *Romanche*. À mi-pente, le hameau des Traverses (**3.9**). Au bas de la descente, on franchit la rivière sur le *grand pont* (**3**), et, par une belle avenue, prenant bientôt le nom de rue *Neuve*, on arrive sur la place *Porcherie*, au pied du château de Vizille (**0.6** — Hôt. recommandé du *Parc*).

De Vizille à Grenoble (**17**), *V*. page 71 à l'itinéraire de *Grenoble à Goncelin*, en sens inverse.

Nota. — Le cycliste qui, arrivé à Vizille, ne voudrait pas revenir à Grenoble, mais se diriger suivant le plan du voyage, vers Uriage-les-Bains et Goncelin, devra se rapporter, depuis Vizille, à l'itinéraire de *Grenoble à Goncelin*, page 71.

DE GRENOBLE A GONCELIN

Par Pont-de-Claix, Vizille, Vaulnaveys-le-Haut,
Uriage-les-Bains, Gières et Doméne.

Distance : **56** kil. **300** m. *Côtes :* **43** min.

Nota. — Le touriste pressé choisira de préférence l'itinéraire
de Grenoble à Saint-Pierre-d'Albigny, en deux étapes, par Goncelin (*V.* page 76), qui permet de visiter Vizille, Uriage-les-Bains
et Allevard. Le cycliste ne craignant pas les côtes, qui voudra
pénétrer plus avant dans le massif des Alpes dauphinoises, suivra
l'itinéraire de Grenoble à Saint-Pierre-d'Albigny, en quatre étapes, par Le Bourg-d'Oisans (*V.* page 82), Le Lautaret (*V.* page
85) et Saint-Michel-de-Maurienne (*V.* pages 88 et 91).
Route plate de Grenoble à Vizille. Deux petites côtes entre
Vizille et Uriage-les-Bains. Descente d'Uriage-les-Bains à Gières.
Légèrement ondulé entre Gières et Doméne ; deux courtes côtes,
un peu accentuées.

Au sortir de l'hôt. des *Trois-Dauphins,* suivre la rue
Montorge, à g. Parvenu devant l'hospice tourner à g. et,
longeant la grille, continuer par la rue de *France,* à
laquelle fait suite la rue *Clot-Bey.* Traverser le boulevard *Gambetta* ainsi que l'avenue d'*Alsace-Lorraine*
pour prendre, vis-à-vis, l'avenue *Thiers.* A l'extrémité
de l'avenue Thiers, tourner à dr. dans la rue *Lesdiguières* ; celle-ci, presque aussitôt après le passage à
niveau, aboutit sur le cours *Saint-André.*
Le cours Saint-André, magnifique avenue à double
contre-allées, bordées de quatre rangées d'arbres, longue de près de huit kil., mène à **Pont-de-Claix (8.1),**
village où bifurquent les r. du Monestier-de-Clermont

(26), à dr., et de La Mure (30), à g., toutes deux conduisant
dans direction de Gap; la première, par le col de Lus-la-
Croix-Haute et Veynes; la seconde, par Corps et le
col Bayard (*V.* pages 58 et 65).

Le **pont de Claix** primitif, qui a été considéré comme une des
merveilles du Dauphiné, est situé à cent m. du village, sur la r. du
Monestier-de-Clermont. Le nouveau pont, qui évite la montée pénible de l'ancien, est construit immédiatement à côté.

Prenant à g. la r. de La Mure, on remarquera les
belles montagnes qui entourent la plaine torrentueuse
où viennent se confondre les eaux rapides des rivières de
la *Gresse,* du *Drac* et de la *Romanche.* La r., construite en digue, longe d'abord le Drac puis la Romanche.
Le confluent de ces deux rivières est situé un peu en
aval du *pont de Champs* **(4.8),** bifurcation où se détache
à dr. la r. de Saint-Georges-de-Commiers (6) et de
La Motte-d'Aveillans (21).

Un kil. plus loin, ayant traversé le passage à niveau
de la station de Jarrie-Vizille (**1**), on pénètre dans un
défilé pittoresque, assez court, nommé l'*Etroit,* au
milieu duquel grondent les flots impétueux de la
Romanche.

A l'extrémité du défilé, la vallée s'élargit et on arrive
à **Vizille** (Ch.-l. de c. — 4.255 hab.) devant le bâtiment
des écoles. Ici, la r. tourne brusquement à dr. et, sous
le nom de *Grande rue,* traverse tout le bourg. Après la
place *Grenette* (Hôtel de Ville) on atteint la place *Porcherie* **(3.1).**

(La r. qui se détache à g. de la place Porcherie et passe sous un
tunnel est celle qu'on devra suivre pour se rendre dans la direction
d'Uriage-les-Bains.

En continuant tout droit la grande rue, on arrive aussitôt sur la
place du *Château,* ornée du *Monument commémoratif de l'Assemblée
de Vizille.* A droite de ce monument, vis-à-vis l'hôt. recommandé
du *Parc,* se trouve la **bifurcation (O.1)** des rues *Neure* et d'*Italie.*
La première de ces rues, à dr., conduit dans la direction de la
r. de Gap, par La Mure (21) et Corps (46); la seconde, à g., mène
sur la r. de Besançon, par Bourg-d'Oisans (32) et le col du Lautaret (70).

Sur la place du Château, une petite rampe, à g., derrière le café du *Parc*, monte au **château de Vizille** (entrée 1 fr. — Durée de la visite : 1 h.). Ce magnifique domaine, qui appartint au fameux connétable de Lesdiguières, est aujourd'hui possédé par M. Imbert. On visite également les ruines voisines, dites du *château du roi*, et le parc. Toutefois, de la terrasse et des fenêtres du château, on a une vue d'ensemble suffisante sur le parc.)

La r. d'Uriage-les-Bains, à g. de la place Porcherie, pénètre dans un court tunnel, creusé sous la terrasse du château de Vizille, puis remonte insensiblement, pendant les quatre premiers kil., la riante vallée du ruisseau de *Vaulnaceys*, dominée à dr. par la chaîne des Alpes dauphinoises. En approchant du village de Vaulnaveys-le-Haut (**6**) la rampe s'accentue, et c'est par deux côtes (6' et 15') qu'on atteint le point culminant de la r. (**1.7**), près la grille monumentale d'une propriété appartenant autrefois au général de Chabaud-Latour.

Descente douce vers Uriage-les-Bains ; on passe entre une longue série d'hôtels, à g. (Hôt. du *Globe*, très recommandé), et une large promenade bordée de marronniers et de tilleuls, à dr., pour arriver à hauteur du Casino, celui-ci voisin de l'établissement thermal (**1.7** — Eaux employées avec succès contre le lymphatisme, scrofulose, maladie de la peau, rhumatisme, affections catarrhales des bronches).

(Si on peut disposer d'une heure, on ira visiter à pied (15') le **château d'Uriage** (ouvert le vendredi de 2 à 5 h.), construit sur une colline derrière l'établissement thermal. Cette propriété, à M. de Saint-Ferriol, contient de riches collections de tableaux, de tapisseries, d'antiquités et d'histoire naturelle. La vue qu'on découvre de la terrasse est de toute beauté.

Les promenades et excursions aux environs d'Uriage-les-Bains varient à l'infini. Parmi les plus recommandées, nous rappellerons celles de la **cascade de l'Oursière** (à pied, 7 h. aller et retour); de la **chartreuse de Prémol** (à pied, 5 h. aller et retour); les ascensions de la **croix de Chamerousse** (Alt. : 2.655 m. — Une journée pour l'aller et le retour) et de la **croix de Belledonne** (Alt.: 2.913 m.). Pour cette dernière montagne on devra coucher au chalet hôtel de la Praz (6 h. d'Uriage) et faire le lendemain matin l'ascension du pic (3 h. 1/2).

Le cycliste qui séjournera à Uriage-les-Bains trouvera la nomen-

clâture et la description détaillées des excursions dans le guide
diamant du *Dauphiné et de la Savoie* par P. Joanne.)

Au delà d'Uriage-les-Bains, la descente, agréable,
s'accentue à travers la gracieuse gorge du *Sonnant* et,
après le hameau du Murier (**5.5**), on atteint l'entrée du
village de Gières (**0.6**).

Ici, abandonnant la direction du tramway, s'engager
dans la première rue à dr.; on traversera la rivière sur
un petit pont en pierre et, ayant dépassé la mairie, on
rejoint (**0.3**) la grande r. de Grenoble (6) à Chambéry.

Le cycliste roule à présent dans la large et riche *vallée
de Grésivaudan* qu'arrose l'*Isère*. A g. se dresse la paroi
rocheuse du *mont Eynard*, terminée par un beau pic,
tandis qu'on longe à dr. la base de hauteurs boisées,
premiers contreforts du *massif de Belledonne*, dans la
chaîne des Alpes.

De légères ondulations et une petite montée précèdent
Murianette (**2.3**); ensuite la r. descend un peu avant d'atteindre par une côte (8') le bourg de Domène (**1.7** —
Ch.-l. de c. — 1.987 hab. — Hôt. des *Arts*). Au milieu
de cette localité (**0.3**) se détache à g. le ch. de Montbon-
not (5); cent m. plus loin, on franchit le torrent qui
descend de la gorge du *Doménon* à droite.

La r., tracée en ligne droite, ondule entre Domène et
Goncelin, chaque localité étant précédée d'une montée
et suivie d'une descente; cependant la plupart des côtes
sont faisables en machine.

En quittant Domène remarquer à dr. un donjon
couronnant un monticule; à g., les montagnes du massif
de la Grande Chartreuse limitent la vallée de l'Isère.
Successivement on dépasse les villages du Versoud
(**2.2**), de Lancey (**2.8**), de Villard-Bonnot (**1.2** —
Côte: 6'), de Brignoud (**2.3**), dominés par de jolis
châteaux bâtis à flanc de coteau.

A g., un grande plantation de peupliers vient en bordure de la r. Après Froges (**2.2**) on gagne Tencin (**4.5**).

(A dr. de la r. s'élève le beau **château de Tencin**, actuelle-
ment propriété du marquis de Monteynard. Derrière le château
s'étend une admirable gorge, longue de près de deux kil., dans

laquelle on voit deux superbes cascades. Ce lieu sauvage, appelé le *Désert*, mérite d'être visité (1 h. 1/2 aller et retour). L'autorisation en est toujours accordée par le propriétaire du château, en s'adressant au régisseur.)

Au-delà de Tencin, une montée assez accentuée (8') mène à Goncelin (Ch.-l. de c. — 1.521 hab.) où on s'arrêtera pour souper et coucher à l'hôt. recommandé *Bayard* (**1.2**).

Pour mémoire. — Le cycliste n'ayant pas l'intention de visiter les bains d'Allevard (*V.* l'itinéraire suivant de *Goncelin à Saint-Pierre-d'Albigny*), qui préférerait traverser le massif des Bauges, entre Chambéry et Annecy, par le col de Plainpalais ou par celui des Prés (*V.* pages 33 et 34), plutôt que par le col du Frêne (*V.* page 93, l'itinéraire de *Saint-Pierre-d'Albigny à Annecy*), peut se rendre directement de Goncelin à Chambéry : soit par la r. de la rive g. de l'Isère, passant par Pontcharra (**1.1**), Laissaud (**2**), Saint-Jeoire (**13.1**), Châlles-les-Eaux (**1.6**) et Chambéry (**6.3** — *V.* p. 80 l'itinéraire depuis Pontcharra); soit par la r. de la rive dr., qui franchit l'Isère à Goncelin, et passe par le Touvet (**3**), Sainte-Marie-d'Alloix (**3**), La Buissière (**3**), La Gache (**4**), Chaparellan (**3.5** — Hôt. du *Commerce*), Les Marches (**1.5**) et Saint-Jeoire (**4.5**).

DE GONCELIN A SAINT-PIERRE-D'ALBIGNY

PAR MORÊTEL, SAINT-PIERRE-D'ALLEVARD,
ALLEVARD, DÉTRIER, BOUGRNEUF ET CHAMOUSSET

Distance : **39** kil. **100** m. *Côtes :* **1** h. **8** min.

Nota. — Route présentant cinq kil. de côte entre Goncelin et Allevard. D'Allevard à Détrier, agréable descente. De Détrier à la gare de Saint-Pierre-d'Albigny, descente insensible. Une montée de trois cents m. précède la gare de Saint-Pierre-d'Albigny.

Au sortir de l'hôt. *Bayard,* continuer à monter la côte à dr. (3'); puis, deux cents m. plus loin **(0.2)**, abandonner la r. de Montmélian (21.4), par Pontcharra (11), pour prendre à dr. le ch. d'Allevard.

Celui-ci s'élève sur le flanc de la montagne, au milieu de vignobles, par une côte dure et longue de trois kil. (45'); ensuite, inclinant à dr., et perdant de vue la vallée de Grésivaudan, s'engage dans un frais vallon. Après le village de Morêtel **(2.6)**, au pied d'un ancien château, le ch. descend et longe à une assez grande élévation la gorge du *Fay,* puis passe à Catus **(1.8)**; au-delà de ce hameau, reprise de la montée (12' et 3'). Le vallon s'élargit; après Saint-Pierre-d'Allevard **(2.7)**, descente douce.

Parvenu à une bifurcation, on a le choix entre deux directions pour entrer dans Allevard (Ch.-l. de c. — 2.850 hab.). Si on suit le ch. à g., on descend en ville par l'avenue de la *Planta,* qui devient une rue étroite et rapide menant au croisement de la rue des *Bains* et de la rue des *Fossés*. Celle-ci, à g., conduit à l'hôt. recommandé du *Commerce* **(3.2)**, situé au n° 18.

Si à la bifurcation, indiquée ci-dessus, on prend la r. à dr., on descend dans Allevard par l'avenue des *Bains* et la rue de la *Croix-Blanche*, en passant devant l'une des entrées du parc. La première rue à g., la rue des *Bains*, en bordure de l'établissement thermal, traverse la rue de la *Planta* et conduit dans la rue des *Fossés* à l'hôt. du *Commerce*. S'arrêter à l'hôt. pour déjeuner et déposer sa machine avant d'aller visiter le casino, le parc et l'établissement thermal (traitement des affections rhumatismales et cutanées, des maladies du nez, de la gorge, du larynx et des bronches).

(Le cycliste qui séjournera à Allevard pourra varier à l'infini ses promenades et ses excursions au milieu d'une contrée ravissante. Parmi les plus renommées nous rappellerons celles de la **chartreuse de Saint-Hugon** et du **pont du Diable** (2 h. en voiture), l'ascension facile du **Brame-Farine** (Alt. : 1.240 m. — 2 h. à pied) avec descente en traîneau; la belle ascension des **Sept-Laux** (Alt. : 2.185 m.), magnifique course qu'on peut faire en deux jours, en allant coucher, le premier jour, à l'hôt. du *Curtillard* (3 h à pied, ou 2 heures en voiture) et le second jour en montant de bon matin aux Sept-Laux (6 h. à pied) où est situé un châlet-hôtel.

S on peut disposer d'une heure et demie, avant de quitter Allevard, on pourra se rendre à pied au **bout-du-monde** (entrée, 50 c.), une des promenades les plus rapprochées et facile à se faire indiquer.

On trouvera les descriptions détaillées de ces diverses excursions dans le guide diamant du *Dauphiné et de la Savoie* par P. Joanne, ainsi que dans le guide local *Allevard-les-Bains*, celui-ci distribué gratuitement à l'hôt. du *Commerce*.)

Au départ de l'hôt. du *Commerce*, on descendra, de suite, à dr., la rue *Saint-Bouffier* menant à la place de l'*Église*. Passer devant le portail et, continuant tout droit, traverser le pont sur le *Bréda* pour prendre à g. la rue *Jérusalem*; son prolongement, l'avenue de la *Savoie*, laisse à dr. la station de la ligne des tramways. Descente douce de la riante vallée du *Bréda* ; à g., sur une hauteur, s'élève la *Tour-du-Treuil*. Parvenu à une bifurcation, continuer à g. en longeant les rails. Plus bas, on parcourt un beau défilé, entre la station de La Chapelledu-Bard (**4.1**) et la halte du Moutaret; puis, après avoir franchi deux fois le torrent, on arrive au hameau de **Détrier (3)**.

Pour mémoire. — Le cycliste ayant visité Allevard, qui préférerait traverser le massif des Bauges, entre Chambéry et Annecy, par le col de Plainpalais ou par celui des Prés (*V.* pages 33 et 34), plutôt que par le col du Frêne (*V.* page 93, l'itinéraire de *Saint-Pierre-d'Albigny à Annecy*), devra prendre à g., à Détrier, la direction de Chambéry par Pontcharra.
De Détrier à Chambéry, *V.* page 80.

Laissant à g. le ch. de Pontcharra (6), la r. de La Rochette, à dr., quitte la vallée du Bréda pour passer dans celle du *Gélon*. Après avoir longé à dr. un joli étang, on coupe, à la halte de Saint-Clair (**1.2**), le ch. de La Rochette à La Chapelle-Blanche (3.5). La r., toute droite, en pente très douce, suit la ligne du tramway et croise encore, à l'arrêt de Saint-Maurice (**1.6**), le ch. de La Rochette (1) à La Croix-de-La-Rochette (0.6); puis, sans une déviation, abritée par une rangée de beaux platanes, la r. longe, au milieu de prairies, les eaux tranquilles de la petite rivière du Gélon. Sur tout ce parcours, long le quinze kil., entre Détrier et Bourgneuf, il n'existe que quelques débits isolés, les villages qui s'étagent, à dr. et à g., sur les flancs de la montagne, étant éloignés d'une distance moyenne de cinq à six cents mètres.

Au carrefour de Bourgneuf (**12.5**), se détache à g. la r. de Montmélian (15.5), par Coise (7). Huit cents m. plus loin on traverse le passage à niveau de la *ligne de Culoz à Turin*, et, contournant le monticule sur lequel s'élève l'église de Chamousset, on atteint (**1.5**) la r. d'Aiguebelle (8.7), sur le bord de l'*Arc,* près du confluent de l'Isère.

Ici, tourner à g. pour aller traverser, cinq cents m. en aval, l'Isère sur le **pont Royal**, parallèle à celui du ch. de fer. De l'autre côté du pont (**0.5**), tourner encore à g. sur l'excellente r. de Montmélian à Albertville, qui côtoie la rive dr. de la rivière et passe devant le pont de Saint-Pierre-d'Albigny (**3.5**).

Pour mémoire. — Le cycliste qui préférerait traverser le massif des Bauges, entre Chambéry et Annecy, par le col de Plainpalais ou par celui des Prés (*V*. pages 33 et 34), plutôt que par le col du Frêne (*V*. page 93, l'itinéraire de *Saint-Pierre- d'Albigny à Annecy*), devra continuer, au pont de Saint-Pierre-d'Albigny, la r. de Montmélian (**9.8** — Hôt. *Berthier*), Saint-Jeoire (**7.8**), Challes-les-Eaux (**1.6**) et Chambéry (**6.3** — *V*. page 80, l'itinéraire depuis Montmélian).

Au pont de Saint-Pierre-d'Albigny, abandonner la r. de Montmélian et tourner à dr. dans la direction de la gare de Saint-Pierre-d'Albigny. Après avoir traversé une prairie marécageuse et gravi une petite côte (5'), précédant le passage à niveau de la ligne du ch. de fer, on atteint l'hôt. recommandé de la *Gare*, à dr. (**0.7**), où le cycliste trouvera le meilleur accueil.

Pour mémoire. — **Du pont Royal à Brides-les-Bains**, par le pont de Grésy (**0.5**), le pont de Frontenex (**3**), Gilly (**5**), Albertville (**1** — Ch.-l. d'arr. — 5.854 hab. — Hôt. *Million*), Tours (**5**). La Bathie (**1**), Cevins (**1**), Feissous (**1.5**), Notre-Dame-e-Briançon (**3**), Grand-Cœur (**3**), Aigueblanche (**2**), **Moutiers** (**3** — Ch.-l. d'arr. — 2.397 hab. — Hôt. de la *Couronne*), Salins (**2** — Hôt. des *Bains*) et Brides-les-Bains (**1** — Hôt. *Grumel*).

Excellente route remontant la vallée de l'Isère. Terrain plat jusqu'à Albertville. Légèrement ondulé d'Albertville à Aigueblanche ; on s'élève ensuite vers Moutiers et Brides-les-Bains.

DE DÉTRIER A CHAMBÉRY

Par Pontcharra, Laissaud, Saint-Jeoire
et Challes-les-Eaux

Distance : **29** kil. **800** m.

Au hameau de Détrier, laissant à **dr.** la direction de La Rochette, on prendra à **g.** la r. de Pontcharra. Celle-ci descend les gorges pittoresques du *Bréda* jusqu'à Pontcharra (**6.5** — Hôt. *Domengeon*), où on rejoint la r. de Grenoble à Montmélian, dans la vallée de Grésivaudan

(A un kil. de Pontcharra, on visite la **tour d'Avalon**, restaurée par les Pères Chartreux, en souvenir de Saint Hugues qui naquit dans ce manoir (vue magnifique du haut de la tour); puis, à douze cents m. de la tour d'Avalon, le modeste **château Bayard**, berceau de l'illustre Bayard, le chevalier sans peur et sans reproche.)

La r. de Montmélian, au pied de jolies hauteurs boisées, passe à Laissaud (**2**), ensuite au hameau des Granges (**2**). A partir d'ici, décrivant une courbe à **g.**, elle traverse en biais la large vallée pour se rapprocher de la ligne du ch. de fer et franchir l'*Isère* au *pont des Molettes* (**3.5**). Un kil. et demi plus loin, on aboutit, à l'angle de la voûte du ch. de fer (**1.5**), sur la r. de Montmélian à Chambéry.

Laissant à **dr.** la direction de **Montmélian** (1.4), passer à **g.** sous la voûte du ch. de fer. Montée douce jusqu'à Saint-Jeoire (**6.4**), dans la belle vallée limitée, à **dr.**, par les montagnes du *massif des Bauges* et, à **g.**, par celles du *massif de la Grande Chartreuse*. De Saint-Jeoire à Challes-les-Eaux (**1.6** — *V*. page 32), descente légère.

A Challes-les-Eaux, laissant à dr. le ch. de Chambéry, par Barby et Leysse (*V*. pages 31 et 32), on continuera par la grande r. directe de Chambéry, absolument plate. A un brusque tournant, à g., elle rejoint l'embranchement (**3.5**) du ch. venant de Leysse (l. 5 — *V*. page 31), et, sous forme d'avenue, parallèle au torrent de la *Leysse*, elle se dirige vers Chambéry.

On entre en ville par le faubourg de *Montmélian*, conduisant à la place d'*Italie*. La rue d'*Italie*, en face, mène à l'hôt. de la *Poste-et-Métropole* (**2.8**), situé au n° 9.

DE GRENOBLE AU BOURG-D'OISANS

Par Gières, Uriage-les-Bains, Vaulnaveys-le-Haut,
Vizille, Le Péage-de-Vizille, Séchilienne, Rioupéroux, Livet, Rochetaillée et Les Sables.

Distance : **53** kil. **600** m. *Côtes :* **4** h. **37** min.

Nota. — Route présentant six kil. de côte, entre Gières et
Uriage-les-Bains, et douze autres kil. de côte, de Séchilienne à Rochetaillée. Pour ces deux passages plus pénibles, on peut utiliser
le tramway à vapeur de Grenoble à Bourg-d'Oisans qui suit constamment la route.
Si on va directement de Grenoble à Vizille, par Pont-de-Claix
(*V.* page 71), on évite six kil. de côte et on raccourcit de quatre kil.
quatre cents m., mais on ne voit pas Uriage-les-Bains.
Les quatre itinéraires ci-après, de Grenoble à Saint-Pierre-d'Albigny, par le Bourg-d'Oisans, Le Lautaret et Saint-Michel-de-
Maurienne, font pénétrer le touriste au cœur des Alpes Dauphinoises. La beauté du parcours compense amplement de la fatigue
des côtes.

A la sortie de l'hôt. des *Trois-Dauphins* tourner à dr.
dans la rue *Montorge,* traverser à dr. la place *Grenette* ;
puis, à l'extrémité de cette place, suivre à g. la rue de
Lycée ; ensuite par la rue du *Général-Marchand,* à dr.,
gagner la place de la *Constitution.* Traverser cette place
en biais, à g., pour prendre à l'angle opposé, la rue *Ma-
lakoff* conduisant à la porte *Très-Cloîtres* (**1.3**).
La r., plate, suit la faubourg de la Croix-Rouge et
longe la belle plaine de l'*Isère.* Après le hameau de la
Galochère (**3.5**), parvenu à l'entrée de Gières, suivre
à dr., à l'angle du café-restaurant de la *Gare* (**1.2**), la ligne
du tramway. Montée de six kil. (1 h. 1/2) à travers

l'étroit vallon boisé du *Sonnant* pour atteindre Uriage-les-Bains (**6** — Hôt. du *Globe*.— *V.* page 73).

La r., continuant entre la promenade du parc et une longue rangée d'hôtels, s'élève très légèrement pendant un kil.; puis descend assez rapidement au village de Vaulnaveys-le-Haut (**3.4**) qui a donné son nom à la jolie vallée qu'on parcourt.

Au delà de Vaulnaveys-le-Haut, pente insensible vers Vizille (Ch.-l. de c. — 4.255 hab.), dont le beau château ne tarde pas à apparaître sur une éminence à g. Après avoir traversé un court tunnel, la r. aboutit, dans cette petite ville, à la place *Porcherie* (**6** — *V.* page 72).

Tournant à g. on arrive presqu'aussitôt sur la place du *Château*. Ici, obliquant à dr. et passant devant le *Monument commémoratif de l'Assemblée de Vizille*, on atteint, près de l'hôt. recommandé du *Parc*, la bifurcation (**0.1**) des rues *Neuve* et d'*Italie*. Suivre à g. la rue d'Italie, début de la r. du Bourg-d'Oisans et du Lautaret.

A la sortie de la ville, on longe le mur du parc du château et on remonte insensiblement la vallée de la *Romanche*; à dr., grande papeterie.

Après le bourg du Péage-de-Vizille (**2.4**), la r., dépassant un promontoire rocheux, surmonté d'une croix (**1.5**), pénètre dans un défilé sauvage long de trois kil., bordé de rochers à pics; à dr., les flots de la Romanche s'écoulent avec fracas. Plus loin, la vallée s'élargissant redevient verdoyante, aux alentours de Séchilienne (**4** — Café buffet à la gare).

Dépassé ce village, on rentre dans un nouveau défilé, creusé entre de hautes montagnes escarpées, dont les pentes abruptes présentent souvent de pittoresques éboulements.

La rampe s'accentue (Côte : 3') dès qu'on a traversé la Romanche (**1.5**). Alors commence une longue montée de douze kil. (3 h.). Successivement on reconnaît les hameaux du Gavet (**2.5**) et des Clavaux (**1**); puis on domine l'importante papeterie de Rioupéroux (**2**) dans les *gorges de Livet*, un des plus beaux sites de la région.

La montée, interrompue par une courte descente d'un kil., reprend ensuite assez fortement jusqu'au pont de Livet (**4** — Belle vue). Plus loin, après un ravin, on traverse de nouveau la Romanche (**2**). Le sol s'aplanit puis descend ; magnifique entourage de rochers ; à g., belle *cascade du Baton*.

A la station de Rochetaillée-Allemont (**4**), laissant à g. le ch. du Rivier (13.2), qui s'éloigne dans la vallée de l'*Eau-d'Olle*, on parcourt une partie plus fertile et plus riante de la vallée de la Romanche.

Sur la r., à présent toute droite et en plaine, s'échelonnent plusieurs hameaux, entre autres ceux des Sables (**2.5**) et de La Paute (**2.1** — Côte : 4'), ce dernier, près l'embranchement à dr. du ch. de La Mure (13.3) et de Valbonnais (29.7). Le torrent du *Lignarre* franchi, bientôt on atteint (**2**) la station terminus de la ligne des tramways (Hôt. de l'*Oberland français*, 1er ordre, vis-à-vis de la gare).

Un peu plus loin on entre dans Bourg-d'Oisans (Ch.-l. de c. — 2.550 hab.) par l'avenue de la *République* aboutissant (**0.4**) à la rue transversale *Sadi-Carnot*. Cette rue, à g., descend à l'hôt. de *Milan*, situé au bas et à dr. (**0.2**).

Le Bourg-d'Oisans, dans une situation exceptionnelle, au centre des Alpes Dauphinoises, est une station climatérique aujourd'hui très fréquentée par les touristes. De cette localité, on peut faire de nombreuses et ravissantes excursions dans les montagnes environnantes qui rivalisent avec les plus belles de la Suisse.

DU BOURG-D'OISANS AU LAUTARET

Par Le Fréney et La Grave

Distance : **37** kil. **800** m. *Côtes :* **7** h. **2** min.

Nota. — Route très dure présentant vingt-huit kil. de côte dont seulement trois et demi avant le Fréney. Les cyclistes qui voudront éviter la fatigue de cette longue montée pourront se faire conduire en voiture particulière du Bourg-d'Oisans au Lautaret (prix : 25 à 30 fr.); ou bien utiliser les cars, ou breaks alpins, qui partent deux fois par jour de la gare du Bourg-d'Oisans (prix : 7 fr. 50). Toutefois, sur ces voitures, il est souvent difficile de placer sa bicyclette. Même avec très peu de bagages on ne peut placer sûrement à l'arrière des cars plus de deux machines.

Pendant la saison, l'hôtel du Lautaret étant souvent encombré, on fera bien de télégraphier à l'avance pour retenir sa chambre, si on doit coucher au col.

Partant de l'hôt. de *Milan*, on traverse à dr. la petite rivière de la *Rioel* et, un peu plus loin, après des prairies, la *Romanche*. Du pont, la vue est très jolie sur le grandiose cirque de montagnes qui environne Bourg-d'Oisans. A g., on aperçoit la *cascade de la Sarennes*.

La r. fait un coude brusque à dr. et longe quelque temps la Romanche avant d'atteindre le pont *Sainte-Guilherme* (**4.7** — Montée : 2'). De l'autre côté du pont se détache à dr. (**0.3**) le ch. de Saint-Christophe (**15.4**), dans la direction de la vallée du *Vénéon*. Ici commence la *rampe des Commères*, longue de trois kil. et demi (1 h.), à travers une gorge des plus sauvages. La r., taillée en corniche dans le roc, domine la Romanche qui bouillonne à une grande profondeur. On traverse un petit tunnel (**0.3**); puis, s'élevant toujours, on passe près de deux hameaux. La r. contourne la montagne ensuite descend, près le poteau du Châtelard (**3.4**), pour s'engager dans la *gorge de l'Infernet* et traverser un nouveau tunnel avec ouvertures latérales.

A la sortie de la gorge apparaît le village du Fréney (**2.2** — Hôt. de l'*Europe*), où on pourra s'arrêter pour déjeuner.

Dépassé le Fréney, la r. pénètre dans un autre défilé et traverse le tunnel du Chambon. Dans le lointain se dresse la cime aigue de la *Meije*. Après avoir roulé environ deux kil. dans une plaine verdoyante, la montée reprend (1 h.). On passe au hameau du Dauphin (**3.5**), voisin d'un pont où une plaque indique l'altitude de 1.000 m. On entre dans la *combe de Malaval*, vallée étroite et aride couverte d'éboulis de rochers ; à g., la *cascade de la Pisse* ou du *Rif-Tord* (**3**) tombe d'une hauteur de deux cents mètres.

Un kil. et demi de terrain plat précède la limite des départements de l'Isère et des Hautes-Alpes (**0.7**). La r. continue ensuite à s'élever (montée de 19 kil. — 5 h.) entre d'immenses parois de rochers abrupts ; à dr., une belle cascade s'échappe au-dessous des lignes blanches du *glacier du Mont-de-Lans*, un des plus étendus de cette partie des Alpes.

A la sortie d'une galerie courbe (**3.5**) on parcourt la *plaine du Grand-Clot*, où la vallée s'élargit un peu, en dépassant, à g., des bâtiments où sont traités les minerais extraits de mines voisines, et, à dr., le hameau des Fréaux (**2.8**) ; à g. jolie cascade.

Parvenu au village de La Grave (**2.1** — Ch.-l. de c. — 1.180 hab. — Hôt. des *Alpes* ou hôt. de la *Meije* — station climatérique et centre d'excursions, particulièrement pour les alpinistes intrépides) on jouit d'une vue splendide sur les glaciers de la *Meije* et du *Tabuchet*. Trois cents m. plus loin, traversée d'une première galerie, suivie, après le pont sur le *Morian*, d'une seconde galerie, longue de six cents m., toutes deux éclairées à la lumière électrique. Ici, commencent les durs et longs lacets qui conduisent au col du Lautaret en laissant à dr., un peu écarté de la r., le village de Villard-d'Arêne (**3.6**). On s'élève par de grandes courbes, au milieu des pâturages ayant vue sur les pics et les glaciers de la Meije ; à dr., le ruisseau qui donne naissance à la Romanche descend du fond d'une vallée.

La région devient de plus en plus désolée, déserte et sauvage en approchant du fameux col du Lautaret qu'on atteint (**7.3**) à l'altitude de 2.057 mètres.

Le col du Lautaret est situé au point culminant de la route de Grenoble à Briançon, dans un entourage grandiose de montagnes et de pics rocheux, dominé par les neiges éternelles et les glaciers de la Meije. Le site sauvage du lieu, l'air pur qu'on y respire, attirent chaque année au Lautaret une foule de visiteurs. Le passage, l'arrivée et le départ des voitures remplies de touristes donnent une animation extraordinaire à ce coin perdu de la montagne.

On trouve au col du Lautaret, le *Grand-Hôtel*, avec châlet-pension, établissement recommandé, tenu par M. Bonnabel. Le cycliste s'y arrêtera avec plaisir pour dîner et coucher.

DU LAUTARET A SAINT-MICHEL-DE-MAURIENNE

Par le col du Galibier et Valloire

Distance : **41** kil. **500** m. *Côtes :* **3** h.

Nota. — Cette route, des plus intéressantes, présente six kil²
d'ascension très dure entre le col du Lautaret et le col du Galibier.
De l'autre côté du col du Galibier, descente dangereuse, longue de
sept kil., sur mauvais terrain. Les cyclistes exercés, ayant deux
bons freins à leur machine, pourront seuls l'effectuer en partie,
deux ou trois kil. devant être faits à pied. Au bas de cette descente
pénible, la pente s'adoucit et le sol s'améliore. Après Valloire,
côte de deux kil., suivie d'une descente rapide, à tournants brusques, longue de onze kil. jusqu'à Saint-Michel-de-Maurienne.

Avoir soin de partir de très bon matin du Lautaret afin de gravir le col du Galibier à l'ombre et arriver à Valloire pour l'heure
du déjeuner.

Un service public de break a lieu entre le Lautaret et Saint-
Michel-de-Maurienne (prix : 12 fr.), mais il n'est guère facile de
placer sûrement sa machine à l'arrière de la voiture.

Quittant le *Grand-Hôtel* du Lautaret, on descendra
la r. de Briançon pendant deux kil. sur le versant de la
vallée de la *Guisane*, rivière à laquelle donne naissance
un ruisseau qu'on aperçoit à dr. formant cascade.

A la *borne 21.4*, abandonner la r. de Briançon (26) et
prendre à g. (**2**) l'étroit ch. du col du Galibier, la seconde
r. carrossable, la plus élevée d'Europe, après celle du Stel-
vio (Alt. : 2.756 m.) en Tyrol. On gravit pendant six
kil. (2 h.) les rudes lacets qui conduisent au col; vue
magnifique sur les glaciers de la Meije, le Lautaret et
la vallée de la Guisane.

Dépassé les pauvres châlets de la Mandette (**2.9**)on ne
tarde pas à apercevoir, en levant les yeux, la maison

cantine (construite par le génie militaire) qui précède
(**3**) le col du Galibier. Le ch. traverse le col (**0.1** —
Alt. : 2.658 m.) sous un tunnel, long de 400 m., ouvert
en 1890. Dans ces parages des traces de neige persistent
jusqu'au cœur de l'été.

A la sortie du tunnel, vue splendide sur un superbe
chaos de montagnes, celles-ci dominées par les pics imposants des *roches du grand et du petit Galibier*; ce
site est un des plus beaux de Alpes Dauphinoises.

La descente du col s'effectue sur un mauvais ch.,
rempli de cailloux; deux ou trois kil. sont à faire à pied
(30') et le reste, jusqu'au *pont de la Valloirette*, ne pourra
se faire en machine que si on est sûr de soi, et d'une
bicyclette munie de freins puissants, tout en retenant
encore avec les pédales.

Après les cabanes du Grand-Galibier (**3.8**) on descend
un vallon désolé, formé d'éboulis, précédant une série
de lacets des plus rapides, véritables escaliers, tracés
sur le revers aride et pierreux de la montagne ; à g. se
dresse l'immense *roche Olicera* aux sinistres contours.

Au bas des lacets, ayant traversé (**3.2**) la *Valloirette*
sur un pont en bois, le sol s'améliore. Le ch. descend
une vallée sauvage enserrée pas de hautes roches dont
les débris forment un véritable désert de pierres. Cependant la pente s'adoucit, et la végétation reparaît peu à
peu. Après le hameau de Bonnenuit (**3.8**), le paysage
devient de plus en plus gracieux et la vallée se peuple.

Au hameau de La Ravine (**2.0**), on passe sur la rive g.
du ruisseau; puis, au-delà du Verney (**1.5**), ayant franchi un torrent, on descend rapidement parmi des noyers
et des arbres d'essences variées ; à dr., une petite chapelle isolée couronne un monticule. Le ch. contourne
un pittoresque rocher, au milieu d'une gorge connue
sous le nom de *barricade des pestiférés*, et, après avoir
franchi de nouveau la rivière, mène au coquet village
de Valloire (**2.4**), dans un charmant bassin de prairies.

Ici, s'arrêter pour déjeuner au confortable et recommandé grand-
hôtel-restaurant de *Valloire et du Galibier*, situé à g., à l'extrémité
du village.

Valloire, centre de ravissantes excursions, est une station très fréquentée par les touristes. Les alpinistes s'y donnent rendez-vous pour faire l'ascension des *Aiguilles d'Arves*.

Au-delà de Valloire, le ch. monte (Côte : 30') et, dépassant successivement les hameaux des Choseaux **(0.3)**, des Granges **(1)** et du Col **(1.2)**, atteint une grande élévation au-dessus de la vallée de la Valloirette dont le ruisseau se fraye un étroit passage dans une énorme fissure de rocher.

Suspendu au flanc de la montagne, on continue à s'élever plus doucement jusqu'à l'entrée d'une galerie **(2.1)** qu'il faut traverser à dr. pour passer sous le *fort du Télégraphe*.

A la sortie de la galerie, se trouve une buvette d'où on jouit d'un panorama merveilleux sur la vallée de la Maurienne, arrosée par la rivière de l'*Arc*, et le village de Saint-Michel-de-Maurienne.

La descente, très rapide, présentant des tournants dangereux et des lacets invraisemblables, s'effectue en partie au milieu d'une magnifique forêt de sapins. Plus bas, ayant dépassé quelques petits hameaux, dépendants du village de Saint-Martin-d'Arc **(10.6)**, on atteint le pied de cette extraordinaire descente en traversant les ponts sur la rivière de l'Arc et sur la *ligne de Culoz à Turin*. Ici, se retourner pour remarquer de quelle altitude on est descendu depuis le fort du Télégraphe.

Dans Saint-Michel-de-Maurienne **(1** — Ch.-l. de c. — 1.943 hab.), parvenu au croisement de la r. de Chambéry à Modane (**19**), tourner à g. et s'arrêter, un peu plus bas, à g., à l'hôt. recommandé des *Alpes*.

DE SAINT-MICHEL-DE-MAURIENNE
A SAINT-PIERRE-D'ALBIGNY

PAR SAINT-JEAN-DE-MAURIENNE, PONTAMAFREY, LA CHAM-
BRE-SAINT-AVRE, EPIERRE, AIGUEBELLE ET CHAMOUSSET.

Distance : **61** kil. **100** m. *Côtes :* **12** min.

Nota. — Délicieux parcours de la vallée de l'Arc. Descente
perpétuelle, sauf quelques ondulations sans importance entre
Saint-Michel-de-Maurienne et Saint-Jean-de-Maurienne.

La r. de Chambéry, parallèle à la ligne du ch. de fer
et à la rivière torrentueuse de l'Arc, descend presque
constamment. Après avoir franchi un passage à niveau,
on pénètre dans la gorge grandiose du *Pas-du-Roc* (**1.8**);
puis la vallée, entre de très hautes montagnes, s'élargit
tandis que la r. traverse plusieurs grands ravins couverts
de débris apportés, l'hiver, par les avalanches. Après un
pont sur un torrent canalisé (**2.5**), petite montée suivie
d'une descente accentuée. On passe au pied de l'immense *Roche Jaille*, ensuite on traverse deux autres
larges ravins avant d'atteindre (**5.7**) le pont de pierre
sur lequel on franchit l'Arc.

La r., dont le sol laisse ici beaucoup à désirer, se
dirige en biais dans la vallée et monte légèrement
(Côte : 2') pour aller traverser le pont du torrent de
l'*Arvan* (**2.0**).

De l'autre côté du pont, on longe une allée de platanes
(Côte : 5') précédant l'entrée de Saint-Jean-de-Maurienne
(**0.7** — Ch.-l. d'arr. — 3.114 hab. — Hôt. *Saint-Georges*).

Cette petite ville, autrefois capitale de la province de
la Maurienne, offre aujourd'hui peu d'intérêt, à part

quelques monuments funéraires qu'on peut voir dans la cathédrale.

La r. qui, sous le nom de *Grande rue* (maisons à arcades), traverse la ville, tourne plus loin brusquement à dr. pour se rapprocher de l'Arc. On franchit cette rivière (**2.8**) et, descendant doucement sur la rive droite, on parcourt la belle gorge de Pontamafrey. Le village de ce nom (**2.2**) est situé au pied de magnifiques roches, vis-à-vis une petite chapelle couronnant un rocher pittoresque émergeant du lit de l'Arc.

Laissant à dr. la station de Saint-Avre-La-Chambre (**5.6** — Ch.-l. de c. — 621 hab. — Hôt. *Jeai*), dans un joli bassin, au point de rencontre des vallées du *Bugeon* et du *Glandon*, on descend en pente de plus en plus douce la vallée élargie de l'Arc; à g., pont de Saint-Remy (**5.1**), village à un kil. environ de distance.

Après la station d'Epierre (**8.1**), où se détache à g. le ch. d'Hurtières (5.4), on passe sur la rive g. de la rivière (**6.8**) avant d'atteindre Aiguebelle (**3.4** — Ch.-l. de c. — 1.955 hab. — Hôt. de l'*Union*) au pied des ruines du *château de la Charbonnière*, berceau de la Maison de Savoie.

La ravissante vallée de l'Arc ne tarde pas à se confondre avec celle de l'Isère. On laisse à g. (**1**) le ch. de Montgilbert (2); puis on croise, au pont d'Aiton (**4.1**), le ch. de La Rochette (16.6) à Grésy-sur-Isère (6).

La r., bordée d'un beau rideau de peupliers, mène au pont de Chamousset (**4**) puis au *pont Royal* (**0.5**) où on traverse l'Isère.

Du pont Royal à la gare de Saint-Pierre-d'Albigny (**4.2** — Côte : 5'), *V.* page 78.

DE SAINT-PIERRE-D'ALBIGNY A ANNECY

Par Le Frêne, Routhennes, Sainte-Reine, École, Le Chatelard, La Motte, Lescheraines, Martinod, Le Pont de Banges, Le Pont de l'Abime, Gruffy, Viuz-la-Chiesaz, Balmont, Chaux et Treige.

Distance : **52** kil. **500** m. *Côtes :* **4** h. **2** min.
Pacé : **3** min.

Nota. — Route très intéressante traversant le massif des Bauges par l'une des principales vallées de ce haut plateau, celle du Chéran, qu'on suit depuis École jusqu'au pont de l'Abime.

Avoir soin de quitter Saint-Pierre-d'Albigny de bon matin afin de gravir le col du Frêne à l'abri de la chaleur, et de pouvoir arriver au Châtelard pour l'heure du déjeuner.

Le cycliste qui voudra se ménager pourra utiliser le break alpin qui fait le service, pendant la saison, entre la gare de Saint-Pierre-d'Albigny et Le Châtelard (prix : 3 fr. 50. — Départ à 6 h. 1/2 du matin); ou bien prendre une voiture particulière pour la montée seule du col du Frêne (prix : 7 fr. depuis l'Hôt. de la *Gare*). Au col, on renverra la voiture et on continuera la descente en machine.

Si le trajet de la gare de Saint-Pierre-d'Albigny à Annecy semble trop long, on peut le partager en faisant étape le premier jour au Châtelard.

De la gare de Saint-Pierre-d'Albigny au col du Frêne, côte très dure de huit kil. ; ensuite, descente agréable jusqu'à la côte d'un kil. qui précède Le Châtelard. Entre Le Châtelard et le pont de l'Abime, côte de six cents m., au-delà du pont de la Charniat, et côte de trois kil. six cents m. après le pont de Banges, mais la plus grande partie de cette dernière, en rampe douce, peut se faire en machine. Descente rapide d'un kil. au pont de l'Abime suivie d'une côte dure d'un kil. Après la descente de Balmont, quatre montées, dont la plus longue mesure sept cents m., précèdent Chaux ; les trois autres sont de quatre et trois cents mètres.

Au départ de l'hôt. de la *Gare*, la r. s'élève parmi des vignobles et des prés, commençant ainsi la longue côte de huit kil. (2 h. 3/4) qui doit conduire au col du Frêne. Au premier croisement (**0.5**), suivre à dr. le bon ch. de raccourci que borde la ligne du télégraphe. Un peu plus haut, coupant la nouvelle r., on continuera devant soi par la petite avenue de platanes qui mène directement sur la place de l'église à Saint-Pierre-d'Albigny (**0.8** — Ch.-l. de c. — 2.953 hab.).

Traversant la place de l'église, on gravira la petite rue vis-à-vis, à l'angle de l'hôt. *Central,* et, dépassant un moulin, à la bifurcation, continuer à dr. Plus haut, on laisse à dr. (**0.6**) le ch. de Miolans (2.5).

(Les ruines du **château de Miolans**, autrefois prison d'État pour les détenus politiques, avant l'annexion de la Savoie, méritent une visite. Aujourd'hui, en partie réparées, elles entourent la propriété de M. Guitel. Le donjon et les tours du château de Miolans s'élèvent sur un rocher à pic, isolé, haut de plus de 300 mètres.)

La r. du col du Frêne monte durement, en lacets capricieux, au milieu des vignes et des bouquets de bois dominés par le rocher abrupt de l'*Arclusaz*. Elle côtoie un vallon d'abord ombragé, abritant quelques hameaux ; puis, s'en écarte pour gagner, par trois nouveaux circuits très découverts (vue magnifique sur les vallées de l'Isère et de l'Arc) le *col du Frêne* (**6** — Alt. : 956 m.).

Du col, une pente, au début assez rapide, mène dans un verdoyant vallon où successivement on rencontre les villages de Routhennes (**1.7**), de Sainte-Reine (**2.4**) et d'École (**4.2**).

Ici la r. rejoint la pittoresque vallée du *Chéran*, torrent aux paillettes d'or, qui prend naissance dans la *gorge de Bellecaux*. On longe la rive g. du torrent, entouré des masses imposantes de belles montagnes, dont les sommets rocheux émergent des forêts de sapins et de hêtres ; on dépasse à dr. (**1.3**) le pont en fer de La Compôte, village situé à sept cents m. sur une hauteur.

Ayant traversé le Chéran au pont en pierre d'Écorchevel (**1.2**), il faut gravir une côte d'un kil. (15') pour atteindre Le Châtelard (**1.4** — Ch.-l. de c. — 857 hab.

— Hôt. *Alpin*), gros village curieusement adossé à la montagne.

Le **Châtelard**, centre le plus important du pays des Bauges, est devenu aujourd'hui un lieu de séjour très fréquenté. Les nombreuses excursions et promenades des environs attirent chaque année au Châtelard un nombre considérable de touristes qui y séjourneraient volontiers s'ils y trouvaient des hôtels un peu confortables.

De l'église du Châtelard, on peut gagner à pied (15') le sommet du rocher où s'élevait le château de Humbert III, comte de Savoie, détruit au XVIe siècle. On découvre de ce point toute la vallée des Bauges.

La r. descend du Châtelard vers le Chéran au milieu du cirque formé à la rencontre des deux vallées des Aillons et de Saint-François. On passe au hameau de La Motte (**3**), et, par une pente assez rapide, on atteint le **pont de Lescheraines** (**2.1** — Hôt. *Pollier*), à g., à l'embranchement de la r. de Chambéry (28.6) par le col de Plainpalais (*V.* page 33).

Ne traversant pas le pont, mais continuant devant soi par la r. d'Annecy, on parcourt une petite plaine jusqu'au pont du torrent de la *Charniat*. De l'autre côté du pont, côte en trois lacets (6') pour gravir la pointe avancée de la *montagne du Semnoz*.

Au sommet de la côte, on laisse à dr. (**1.1**) la r. d'Annecy (23) par le col de Leschaux (6.5 — Alt. : 901 m. — Aub. *Collomb*).

(Les cyclistes qui désireraient faire l'ascension recommandée du *Semnoz* (Alt : 1.701 m.), surnommé le Righi de la Savoie, devront prendre cette r. qui présente sept kil. de côte suivie de douze kil. de descente. A l'auberge du col de Leschaux on trouve des guides (3 fr.) et des mulets (5 fr.) pour monter au Semnoz (1 h. 30, à mulet ; 2 h. à pied). Au sommet de la montagne, il existe un hôtel où on pourra passer la nuit si on veut jouir du spectacle du coucher et du lever du soleil.)

La r. d'Aix-les-Bains domine une intéressante gorge, puis descend vers la rivière. Presque au bas de la côte, on laisse à g. (**0.2**) le ch. du *moulin du Pré-Rouge* (0.3).

(Près du moulin du Pré-Rouge s'ouvre l'entrée de la **grotte du Pré-Rouge** (demander la clef au meunier ; 50 c). Cette grotte, nouvellement aménagée pour être visitée, traverse de part en part la montagne et exige 2 h. de parcours.)

Un peu plus loin, la r., resserrée entre la montagne du *Semnoz*, à dr., et la montagne de *Banges*, à g., passe (**0.5**) du département de la Savoie dans celui de la Haute-Savoie ; ensuite elle atteint le hameau de Martinod (**0.4** — Aub. de la *grotte de Banges*), où on doit s'arrêter si on veut visiter la *grotte de Banges*.

Pour la visite de la grotte, s'adresser à l'auberge de Martinod, où on trouvera un guide (1 fr. par personne — durée de la visite, 1 h. aller et retour).

La **grotte de Banges**, assez curieuse, s'ouvre sur le flanc de la montagne du Semnoz à quinze min. de montée de Martinod.

Elle est profonde de 350 m., possède deux ouvertures, dont une seule est praticable. L'extrémité de la grotte est limitée par un petit lac qui empêche d'aller plus loin.

Dépassé Martinod, on remarquera les *tours Saint-Jacques*, réunion de trois immenses rochers isolés, se dressant sur le revers de la montagne du Semnoz. A dr., se détache (**0.8**) le ch. d'Allèves (1.6). Deux cents m. au-delà de cette bifurcation, on traverse le Chéran sur le *pont de Banges* ; très belle cascade formée par le torrent.

De l'autre côté du pont, laissant à g. (**0.2**) le ch. d'Arith (3.6), on attaque une côte, longue de trois kil. six cents m. (20'), mais en grande partie faisable en machine. La r. s'élève à une grande hauteur sur le flanc de la montagne de Banges, tandis qu'à dr. le village d'Allèves se cache dans la verdure qui tapisse la base du Semnoz. Parvenu à la *borne 5*, on découvre tout à coup une vue merveilleuse sur le *pont de l'Abime*, et la belle région mouvementée qui s'étend dans cette direction, entre le lac d'Annecy et celui du Bourget.

On descend en contournant la montagne jusqu'à la *borne 6.2*. Ici abandonner (**4.8**) la r. d'Aix-les-Bains (16), par Cusy (0.9), et descendre prudemment à dr. la r. menant au pont de l'Abime (**1.1** — Café-restaurant).

Le **pont de l'Abime**, long de 66 m. et suspendu à 91 m. de hauteur, relie les deux murailles de rochers entre lesquelles s'écoulent les flots torrentueux du Chéran. Ce site, une des principales curiosités du pays, est souvent visité par les baigneurs d'Aix-les-Bains.

De l'autre côté du pont, une forte montée d'un kil. (15') fait rejoindre (**1**) la r. d'Allèves (3) à Gruffy; tourner à g. dans cette dernière direction.

La r., ravissante, serpente gracieusement au milieu des vergers et des champs. Elle descend vers Gruffy (**1.6**); puis, après s'être élevée doucement au hameau de Viux-la-Chiésaz (**2.8**), redescend plus rapidement au-dessous du village de Balmont (**2.4**) pour aller s'embrancher (**0.8**) sur la r. d'Aix-les-Bains (23) à Annecy.

Une côte de sept cents m. (10'), à dr., précède le hameau de Chaux et une côte de trois cents m. (4') suit le hameau de Vraisy (1). Après le village de Treige (**2.5**), légère descente; puis, par deux dernières petites côtes (4' et 3'), on atteint le point culminant du plateau de Seynod.

Descente rapide vers Annecy dont on aperçoit le lac, au milieu d'un ravissant décor de montagnes; à g., se détache (**4.7**) le ch. de Rumilly (16). Notre r., parvenue à un rond-point, tourne brusquement à dr., traverse au Pont-Neuf (**0.4**) le canal du *Thiou* et gagne l'entrée d'Annecy (Ch.-l. du dép. de la Haute-Savoie — 11.947 hab.) par la magnifique avenue de *Chambéry*. Traversant la ville par la rue *Royale* (Pavé : 3'), on s'arrêtera dans cette rue, soit à l'hôt. des *Négociants*, soit à l'hôt. de l'*Aigle*, tous deux situés un peu plus bas, à dr., aux nᵒˢ 5 et 3 (1 — Café du *Théâtre*).

Visite de la ville d'Annecy (environ 2 h. 1/2). — Rue Pâquier. — Place du Pâquier. — Quai Eustache-Chappuis (à dr.). — Place de l'Hôtel-de-Ville. — Le Jardin des Plantes. — Champ de Mars. — La Préfecture. — Avenue d'Albigny (à g.). — Rue du Pâquier. — Maison de Sales. — Rue et faubourg du Bœuf (à dr.). — Place Carnot. — Boulevard Decoux (à g.). — Avenue Berthollet (à g.). — Rue Royale (à dr.). — Eglise de la Visitation (tombeaux de Saint François-de-Salles et de Sainte Jeanne-de-Chantal). — Rue Notre-Dame. — Eglise de Notre-Dame-de-Liesse. — Rue de l'Evêché (à dr.). — Rue de la République (à g.). — Rue Sainte-Claire (à g.). — Le Château-Fort. — Passage de l'Ile. — Le pa-

4.

lais de l'Isle. — Place au Bois. — Eglise Saint-Joseph. — Quai de la Tournette. — Quai Eustache-Chappuis et place du Pâquier.

Excursions recommandées au départ d'Annecy. — Nombreuses et charmantes sont les excursions à faire aux environs d'Annecy. Les cyclistes qui séjourneront pourront consulter utilement le petit guide d'*Annecy, son lac et ses environs*, distribué gratuitement par le Syndicat d'Initiative de l'arrondissement d'Annecy. Cependant aucun touriste ne devra quitter Annecy sans avoir au moins fait le tour du **lac d'Annecy** en bateau à vapeur. Cette ravissante promenade occupera une après-midi. L'embarcadère des bateaux est situé à l'entrée du canal du Thiou à l'extrémité du quai Eustache-Chappuis.

Le tour du lac d'Annecy (14 kil. de longueur ; 3 kil. 1/2 dans sa plus grande largeur ; 60 m. de profondeur moyenne) s'effectue en 2 h. 1/2 (prix : 2 fr. et 3 fr.). Les bateaux ne faisant pas tous le tour du lac on aura soin de s'informer à bord, car on peut descendre à Duingt ou à Talloires pour attendre le passage du bateau suivant allant jusqu'à Doussard, point extrême du lac.

D'Annecy aux **gorges du Fier**, V. page 140 ; au **pont de la Caille**, V. page 137.

D'ANNECY A FLUMET

DEUX ITINÉRAIRES

Itinéraire A. — PAR DUINGT, FAVERGES, LES FONTAI-
NES-D'UGINES, LES MOLIÈRES ET SAINT-NICOLAS-DE-LA-
CHAPELLE.

Distance : **50** kil. *Côtes :* **2** h. **41** min. *Pacé :* **5** min.

Nota. — D'Annecy à Faverges, terrain presque constamment
plat ; rares ondulations De Faverges aux Fontaines-d'Ugines,
descente douce. Entre Les Molières et Flumet, montée des gorges
de l'Arly, longue de dix kil.

Le cycliste qui voudra se ménager pourra utiliser, entre Les
Fontaines-d'Ugines et Flumet, le service de break alpin qui part
des Fontaines-d'Ugines à 1 h. 45 de l'après-midi et arrive à 6 h. à
Flumet (prix : 2 fr.).

Sortant de l'hôt. des *Négociants* ou de l'hôt. de l'*Aigle*,
tourner à dr. et suivre la rue *Royale*, puis la rue du
Pâquier. A l'extrémité de cette dernière, prendre à dr. le
quai *Eustache-Chappuis*, en bordure du canal du *Vassé*,
traverser la place de l'*Hôtel-de-Ville* et, ayant franchi
devant soi le pont du canal du *Thiou*, longer à g. le quai
de la *Tournette*; on rejoint ainsi (**0.9**) la r. d'Ugines.
Celle-ci côtoie le lac et passe devant une carrière exploi-
tée à ciel ouvert, puis gravit une petite côte de quatre
cents m. (**4'**) précédant le passage à niveau (**2**) de la *ligne
d'Annecy à Albertville*.

La r., légèrement ondulée, s'éloignant des rives du
lac, après le hameau de Létraz (**0.6**), laisse à dr., à Sé-
vrier (**1.5** — Hôt. des *Voyageurs*), la r. de Leschaux

(11.9 — *V.* page 95). Successivement on passe au village de Saint-Jorioz (**3.8**) et à celui de Duingt (**3.2** — beau château dans la presqu'île à gauche).

On côtoie de nouveau le lac d'Annecy jusqu'à son extrémité méridionale, où se trouve situé le débarcadère du Bout-du-Lac (**4.2**), desservant Doussard.

La r. remonte très doucement la vallée de l'*Eau-Morte*, au milieu d'une plaine d'alluvions, couverte de prairies parfois ombragées, entourées de superbes montagnes. A dr. se détache (**1.7**) le ch. de Doussard (1.2), village au pied de la *montagne du Charbon*, dont les sombres forêts donnent encore asile aux ours. Quatre cents m. plus loin, le ch. d'Annecy (20), par Talloires (6.7 — rive dr. du lac), vient rejoindre (**0.4**) le nôtre.

Ayant traversé trois fois le torrent de l'Eau-Morte, on arrive par une petite avenue d'accacias à Faverges (**6.5** — Pavé : 5' — Ch.-l. de c. — 2.784 hab. — Hôt. de *Genèce*), que domine un vieux château transformé en tissage de soierie.

Dans la petite ville, la r. tourne brusquement à g., puis descend en pente insensible pour traverser en biais une plaine bien cultivée. A g., se détache (**2.4**) le ch. de Saint-Féréol (1.7), précédant le pont sur la *Chaise*. On descend doucement cette dernière vallée; à g., dans les prés, village de Marlens (**2.5**), dont dépend le hameau où l'on passe un peu plus bas (**0.6**).

La vallée se resserre à la limite du département de la Savoie (**0.5**); et, ayant franchi le torrent du *Nant-Trouble* (**3.9**), on atteint le hameau des Fontaines-d'Ugines (**1.5** — Hôt. *Carrin*).

Ici, laisser à dr. la direction d'Albertville (8) et continuer à g. par la r. de Flumet. Celle-ci remonte à présent la vallée de l'*Arly*, dont les belles gorges boisées commencent au hameau des Molières (**1.6**).

La montée des *gorges de l'Arly,* longue de dix kil. deux cents m. (2 h. 1/2), est des plus pittoresques, mais assez fatigante, vu la rareté des passages faisables en machine. Six fois on traverse le torrent aux sombres eaux, ne rencontrant sur tout le parcours que trois maisons cantonnières et deux ou trois débits isolés, entre autres celui du restaurant des *gorges de l'Arly* (**5.5**).

La r., après avoir traversé deux courts tunnels taillés dans le roc, atteint la troisième maison cantonnière (**2.6**) et décrit un long lacet pour franchir le pont sur le *Flou*. Elle s'élève ensuite à une grande hauteur au flanc du rocher et passe au-dessous de Saint-Nicolas-de-la-Chapelle (**2.4**), petit village de chàlets.

La montée est interrompue à la *borne 20.5* par une descente de sept cents m. menant au pont hardi jeté sur l'*Arondine* (beau paysage). La côte reprend (7') pour gagner les premières maisons du village de Flumet où se trouve à g. l'hôt. recommandé du *Mont-Blanc* (**1.7**) où l'on doit s'arrêter.

Itinéraire B. — Par Veyrier, Bluffy, Alex, Thônes, Les Villards, Saint-Jean-de-Sixt, La Cluzaz et La Giettaz.

Distance : **56** kil. **200** m. *Côtes :* **5** h. **45** min.

Nota. — Route très intéressante, fréquemment suivie, qui traverse le beau massif des Aravis, partie des Alpes abondantes en superbes excursions.

Un tramway à vapeur, établi sur l'ancienne route (distance égale), fait le service d'Annecy à Thônes (prix : 2 fr. et 1 fr. 45. — Durée du trajet : 1 h. 10') par Vignières, Dingy et Alex. Le cycliste qui voudra se ménager, pourra utiliser le tramway jusqu'à Thônes et, après avoir déjeuné dans cette ville, n'aura plus à faire dans la journée que le trajet de Thônes à Flumet.

De Veyrier au col de Bluffy, côte de trois kil. et demi suivie d'une descente d'égale longueur. Depuis Thônes, la route ne cesse de monter jusqu'au col des Aravis pendant vingt kil. Du col des Aravis à Flumet, descente longue de quatorze kil. ; mauvais terrain entre le col et La Giettaz.

Sur la place du Pâquier suivre, vis-à-vis, la grandiose avenue d'*Albigny*. Celle-ci, ombragée de platanes et de marronniers séculaires, offre à dr. de ravissantes perspectives sur le lac et les montagnes environnantes.

Au delà du village d'Albigny (**1.5**), la r. traverse une petite plaine d'alluvions, arrosée par deux ruisseaux ; puis, obliquant à dr., vient en bordure du lac, au pied de la *montagne de Veyrier ;* le terrain s'accidente et ondule. On passe aux hameaux du Grand (**3**) et du Petit-Chavoire (**0.5**), ensuite au village de Veyrier (**1** — Hôt. *Brunet*), dans un entourage de vergers et de villas.

Après Veyrier, à la bifurcation (**0.5**), laissant à **dr.** le ch. du tour du lac par Menthon (2.5), Talloires (6) et Doussard (13.5), on gravira à g. la r. d'Alex. Une rampe douce, longue de trois kil. et demi (1 h.), mène, à la suite d'une gorge pittoresque, au petit *col de Bluffy* (**3.5** — Alt. : 634 m.).

De l'autre côté du col, descendant vers la vallée du *Fier,* au village d'Alex (**3.5**), on traverse le ruisseau de ce nom avant de reprendre (**0.7**) l'ancienne r. d'Annecy, suivie par le tramway.

La r. de Thônes, à dr., longe la rive g. du Fier et passe près de la *cascade de Cruet,* cachée dans le bois. On franchit la rivière (**3.5**) en laissant à g. la *cascade de Morette* et le ch. de La Balme-de-Thuy (1.5).

La r., remontant la rive dr. du Fier, passe devant l'entrée du vallon de Thuy et atteint, après avoir traversé le *Nom,* la petite ville de Thônes (**3.5** — Ch.-l. de c. — 2.935 hab. — Hôt. *Plainpalais*).

A Thônes, tourner à g., pour remonter (2 h. 45') la vallée du Nom, entre les *montagnes de Vaunessin,* à dr., et la chaîne des *rochers de Lachat,* à g. ; puis, après avoir traversé le ruisseau, au pont du Villaret, on arrive aux jolis chàlets du village des Villards (**4.5**).

Trois kil. plus loin se détache à g. (**3**), près du hameau de Forgeassod, la r. de Bonneville (22.5), par la vallée du Petit-Bornand ; tandis qu'on contourne le plateau où se trouve situé Saint-Jean-de-Sixt (**1.5**).

Ici, la r. de Flumet, inclinant à dr., s'engage dans un défilé ombragé de magnifiques sapins, débouchant sur un bassin plus large de la vallée du Nom, près le confluent du *Nant de Fernuy.*

Au sortir du village de La Clusaz (**3.5** — Hôt. des *Aravis;* du *Lion-d'Or*) commence la montée du col des Aravis (2 h.). La r. passe au hameau des Boissonaz ; puis, par de grands lacets, gagne le hameau des Étages (**4**), dans un vallon de prairies resserré entre deux massifs rocheux. Plus haut, on atteint le *col des Aravis* (**3.5** — Alt. : 1.498 m. — Chàlet-restaurant) s'ouvrant sur un petit plateau borné, à dr., par le *rocher de l'Etale* et, à g., par les *rochers de la Porte des Aravis ;* au loin, vue splendide des glaciers du *Mont-Blanc.*

La r. descend très rapidement du col, traverse une galerie courbe et, ayant décrit plusieurs lacets, conduit à La Giettaz (**8** — Hôt. du *Col-des-Aravis*), village situé au point de rencontre de deux vallons très sévères d'aspect. Continuant à descendre la vallée solitaire de l'*Arondine,* ruisseau qui coule à dr. dans une gorge profonde et boisée, on passe devant deux jolies cascades.

Après un petit tunnel la r. s'écarte de l'Arondine, dont les eaux viennent rejoindre la vallée de l'*Arly*, et atteint le haut du village de Flumet. Ici, tourner à dr. et descendre la rue jusqu'aux dernières maisons, à dr., où se trouve l'hôt. recommandé du *Mont-Blanc* (**7**).

DE FLUMET A CHAMONIX

Par Le Pratz, Mégève, Saint-Gervais-les-Bains, Le Fayet-d'en-Bas et Le Chatelard.

Distance : **43** kil. **800** m. *Côtes :* **3** h. **29** min.

Nota. — Route montant presque constamment jusqu'à Mégève. De Mégève au Fayet-d'en-Bas, descente. Du Fayet-d'en-Bas à Chamonix, trois fortes côtes mesurant trois kil. et demi, un kil. sept cents m. et un kil et demi.

Si on désire se ménager, on pourra utiliser, entre Le Fayet-d'en-Bas et Chamonix, le service des breaks alpins dont le départ a lieu de la gare du Fayet vers 3 h. 1/2 (prix : 5 fr.); s'il y a beaucoup de bagages le placement des machines sur les voitures est difficile.

Ne pas oublier en quittant Flumet de faire plomber sa machine au bureau de la *douane française.* En omettant cette formalité on serait dans l'obligation, au retour de la zône neutre en France, de payer des droits d'entrée comme pour une machine neuve. En cours de route avoir soin du plomb posé et éviter de le perdre.

A la sortie de l'hôt. du *Mont-Blanc,* traverser à g. tout le village de Flumet et, aux dernières maisons, s'arrêter au poste de la **douane française**, situé à dr., pour faire plomber sa machine.

Laissant à dr. un magnifique pont jeté sur l'*Arly,* on pénètre dans cette partie de la France, limitrophe de la Suisse, considérée comme zône neutre.

La r., taillée dans le roc, monte pendant deux kil. et demi (40') et traverse la fin des gorges de l'Arly. Au-delà des gorges, elle parcourt la haute vallée de l'Arly au milieu des pâturages et des champs couverts de châlets; puis, après une descente d'un kil., s'étend sur un plateau ondulé, légèrement montant, jusqu'au village du Pratz (**4.9** — Côte : 7'). En arrière, on aperçoit le cône du *mont Charcin*, tandis que devant soi, vers la dr., apparaît la cime du *mont Joly* dans une échancrure de la montagne.

Le paysage conserve le même caractère et la r., presque toujours montante (Côtes : 15', 6', 7', 5'), atteint Mégève (**5**) où on pourra s'arrêter pour déjeuner à l'excellent hôt. du *Soleil-d'Or*, situé à g. à la sortie du village.

Dépassé Mégève, la r., bordée d'un *Chemin de Croix*, monte encore, mais très légèrement, pendant un kil., avant d'arriver au commencement de la belle descente qui conduit vers la vallée de Sallanches.

Laissant à g. (**3**) la r. directe de Sallanches (8.5), par Combloux (1.8), on prendra à dr. le ch. de Saint-Gervais. Celui-ci franchit le pont du *Barbon* et contourne les contreforts du *mont d'Arbois* en descendant parmi les pâturages ; magnifique panorama sur la vallée de Sallanches qu'arrose le torrent de l'*Arve*. Après les hameaux du Choreaux (**3**) et du Frency (**1.2**) la pente s'accentue dans la belle *forêt des Amerans* et l'on arrive, en vue de Saint-Gervais, au pont du Diable (**2.8**) jeté à 63 m. de hauteur au-dessus de la gorge du *Bon-Nant*.

De l'autre côté du pont le ch., tournant à g., monte un peu, laisse à dr. la r. des Contamines (8.7), ensuite, descendant de nouveau, arrive à la petite place de Saint-Gervais-les-Bains (**0.5** — Ch.-l. de c. — 1.891 hab.) près de l'hôt.-pension recommandé des *Étrangers*.

Trois cents m. plus bas, on pourra laisser sa machine en garde au débit de tabac du *Comptoir Parisien* (**0.3**), situé à g. de la r., pour aller visiter la cascade supérieure du Bon-Nant, dite de *Crépin*.

Le sentier qui descend à la **cascade de Crépin** commence à l'angle du débit du Comptoir Parisien (à pied : 30' aller et retour). La vue de la cascade se trouve, plus bas, dans une propriété particulière (50 c. par personne) dont le gardien attend les visiteurs au passage. De la cascade de Crépin on peut descendre, en continuant le sentier, jusqu'à l'établissement des bains de Saint-Gervais (20') ; mais il vaut mieux aller reprendre sa machine au Comptoir Parisien et descendre par la r. au Fayet-d'en-Bas, hameau situé à l'entrée du parc de l'établissement (*V.* page 107).

La r. passe devant les nombreux hôtels de Saint-Gervais et descend par un lacet très rapide vers la vallée de l'Arve (magnifiques points de vue) ; hameau des Plagnes (**1.7**).

Au bas de la descente on rejoint, au hameau du **Fayet-d'en-Bas** (**2**), la r. de Genève (65.5 — *V.* page 110) à Chamonix ; tourner à droite.

Nota. — En tournant à g., on arrive, à 50 m. de distance, à l'entrée du parc des **bains de Saint-Gervais** (traitement des rhumatismes, des maladies de la peau et des affections du foie et de l'estomac).

L'établissement thermal ainsi qu'un nouvel hôtel ont été reconstruits près de l'entrée du parc. L'ancien établissement et l'hôtel primitif se trouvent, un kil. plus loin, au fond de la gorge du Bon-Nant. Une grande partie de ces bâtiments fut engloutie dans la nuit du 11 au 12 juillet 1892 à la suite d'un débordement subit du Bon-Nant provenant de la rupture du glacier de Tête-Rousse dans la vallée de Bionnassct. Cette catastrophe coûta la vie à deux cents victimes.

La r., remontant la vallée de l'Arve, laisse à g. (**0.3**) le ch. de Chedde (2.9) et passe au bas du hameau des Plagnes (**0.8**) ; montée de trois cents m. Un peu plus loin la rampe s'accentue et on entreprend une longue côte de trois kil. et demi (50'). La r., taillée dans le roc, bordée à g. de parapets ajourés, s'élève à une grande hauteur au-dessus du cours torrentueux de l'Arve ; au fond de la vallée on aperçoit la grande *usine de Chedde*, actionnée par une force motrice de 12.000 chevaux, destinée à la production du chlorate de potasse.

Après un couloir creusé dans le rocher (**3.3**), on pénètre dans une belle gorge boisée, longue d'un kil., précédant le gracieux vallon du Châtelard (**1.4**). A l'extrémité de ce vallon un tunnel, assez court, conduit à l'entrée de la vallée élargie de l'Arve, dans le cirque pittoresque de Servoz.

A la sortie du tunnel (**0.5**) se détache à g. le ch. de Servoz (*V.* ci-dessous) ; la r. directe de Chamonix continue à droite.

(Si on dispose de quelque temps on pourra faire le détour par Servoz (en allongeant de deux kil.) ce qui permet d'aller visiter les

gorges de la Diosaz. Le ch. descend à g. et traverse l'Arve.
On passe au village de Servoz (**1.6**) et, cinq cents m. plus loin,
on atteint le pont de la Diosaz (**0.5**) dans le voisinage de l'entrée
des gorges (prix : 1 fr.). Celles-ci présentent une longue galerie
d'un kil., suspendue au rocher, conduisant à la *cascade du
Soufflet*.

Du pont de la Diosaz, le ch. rejoint à l'hôt. des *Montées* (**2.1**
— *V*. ci-dessous — Côte : 25') la r. de Chamonix.)

La r., aplanie, contourne le *mont Coulan*, tandis que
commencent à apparaître à dr. les hauts glaciers du
Mont-Blanc. La côte reprend, en partie faisable (Côtes : 5'
et 4'), au milieu d'une superbe vallée dont les sites, en-
tremêlés de forêts de sapins et de rochers, dominés par
les montagnes, deviennent de plus en plus pittoresques.
La rampe s'accentue de nouveau pendant dix-sept
cents m. (25').

A l'hôt. des *Montées* (**2.4**), rejoignant le ch. venant
de Servoz (*V*. ci-dessus), on continue à s'élever (25'), sur
la r. tracée en corniche au-dessus du torrent, dans une
belle gorge ombragée de sapins. Parvenu à un ruisseau
(**1.5** — Jolie cascade à dr.), la côte cesse et on descend
doucement vers un premier pont (**1.1**) sur l'Arve.

De l'autre côté du pont, la montée reprend pendant
un kil. et demi (20'), et on entre dans la vallée propre-
ment dite de Chamonix; sur la rive opposée du torrent
est situé le village des Houches. Toute la chaîne du
Mont-Blanc, avec ses aiguilles et ses imposants glaciers,
se déroule à la vue.

On passe de nouveau (**1**) sur la rive g. de l'Arve, dont
les eaux roulent plus calmes au milieu des pâturages de
la vallée élargie.

A la côte, succède une série d'ondulations peu importantes, tandis qu'on dépasse successivement les hameaux
de La Griaz, du Cret, des Bossons, ce dernier au pied
du magnifique *glacier des Bossons*. Une troisième fois
on traverse l'Arve au pont de Perrolataz (**4.2**) avant
d'atteindre Chamonix (Ch.-l. de c. — 2.414 hab.).

Dans ce village, la rue *Nationale*, bordée d'une suite
ininterrompue d'hôtels et de pensions, coupe la rue de
l'*Eglise* et conduit à l'hôt. recommandé de la *Croix-
Blanche*, situé à g. (**2.9**), où on doit s'arrêter.

Visite de la ville de Chamonix. — L'église paroissiale. — Le monument de Saussure. — Vue du Mont-Blanc par le grand télescope L. Donat (50 c.). — Le Relief du massif du Mont-Blanc de J. Demarquis (50 c. et 1 fr.). — L'exposition de peinture Loppé. — Le Casino.

Excursions recommandées au départ de Chamonix. — La réputation universelle de Chamonix a fait de cette localité le lieu de rendez-vous des touristes du monde entier. En effet, à part l'ascension du **Mont-Blanc**, réservée aux alpinistes de profession, Chamonix offre une quantité innombrable de promenades et d'excursions faciles dont on trouvera le détail dans les guides *Conty* et *Joanne*.

Le cycliste devra s'arrêter au moins une journée à Chamonix pour faire à pied l'excursion réunie du **Montanvert**, de la traversée de la **Mer de glace** avec retour à Chamonix par **Le Chapeau**.

On ira déjeuner au sommet du Montanvert (Alt. : 1.921 m. — 3 h. d'ascension) à l'hôt. du *Montanvert*, puis on descendra à la Mer de glace qu'on traversera pour se rendre ensuite au rocher du Chapeau (1 h. 1/2 — Aub.). Du Chapeau, revenir à Chamonix (2 h.).

Si on reste plusieurs jours à Chamonix, on pourra encore faire les petites ascensions de **La Flégère** (Alt. : 1.877 m. — 3 h. 1/2 à la montée. — Aub. de *La Flégère*) ; du **Brévent** (Alt. : 2.525 m. — 5 h. à la montée. — Châlet-hôtel) ; de **La Pierre-Pointue** (Alt. : 2.019 m. — 3 h. 1/2 à la montée. — Châlet-hôtel) ; du **Plan de l'Aiguille** (Alt. : 2.536 m. — 5 h. à la montée. — Châlet-restaurant). Toutes ces ascensions peuvent se faire facilement sans guide et du sommet de chacune de ces montagnes on jouit d'un nouveau et merveilleux panorama sur la vallée de Chamonix et le massif du Mont-Blanc.

Le **Glacier des Bossons** est également un but de promenade. Il faut 3 h. 1/2 environ, aller et retour, pour aller le visiter. Un guide est nécessaire pour le traverser (prix : 2 fr. du pavillon près du glacier), mais il n'y a aucun danger.

DE CHAMONIX A GENÈVE

PAR LE CHATELARD, LE FAYET-D'EN-BAS, SALLANCHES, CLUSES, SCIONZIER, BONNEVILLE, CONTAMINE, FINDROL, NANGY, ARTHAZ, ANNEMASSE ET CHÊNE.

Distance : 84 kil. 900 m. Côtes : 22 min.

Nota. — Les cyclistes pressés, qui n'auraient pas le temps de faire le magnifique trajet de Chamonix à Genève par Finhaut, la vallée du Rhône, Villeneuve et les bords du lac de Genève (*V.* pages 115 à 135), pourront se rendre directement de Chamonix à Genève en suivant l'itinéraire ci-dessous. Si le trajet paraissait trop long, on pourrait le partager en deux en faisant étape à Bonneville.

De Chamonix à Cluses, descente ou plaine ; montées insignifiantes. De Cluses à Bonneville, légèrement ondulé. De Bonneville à Genève, accidenté.

Ne pas oublier les formalités à remplir en entrant en Suisse au bureau de la douane de Chêne (*V.* page 112 et la note de la page 113).

De Chamonix au Fayet-d'en-Bas (**19.4**), *V.* page 107 en sens inverse.

La r., passant entre la gare du Fayet-d'en-Bas, à dr., et l'entrée de l'établissement thermal de Saint-Gervais, à g. (*V.* page 107), traverse le torrent du *Bon-Nant*. Elle continue à descendre en pente douce la vallée de l'*Arve* et côtoie à dr., jusqu'à Sallanches, les gras pâturages connus sous le nom de *Granges de Passy*. Deux petites montées de deux cents et de cent m. précèdent le village de Domancy (**4.6**).

Sur la place de Sallanches (**2.8** — Ch.-l. de c. — 1.977 hab. — Hôt. *Bellevue*), ornée d'une fontaine entourée de quatre lions, s'arrêtant un moment, on se retournera pour jouir une dernière fois d'une des plus belles vues d'ensemble sur le Mont-Blanc et ses Aiguilles.

La r. se déroule en plaine, entre l'Arve et la ligne du ch. de fer; elle franchit le torrent près de la station d'Œx (**5.2**), petite montée (1').

La vallée se rétrécit en approchant de Magland (**4.3**), où l'enseigne d'un débit rappelle qu'on peut apercevoir à g., en se retournant, un curieux rocher représentant le profil du roi Louis-Philippe. Petite côte (2'), puis descente douce vers la station de Balme (**2.7**).

A dr., à 100 m. de la r., est situé le café-restaurant de l'**Echo de la grotte de Balme**. L'écho est réveillé par un coup de canon (1 fr.) qu'on peut faire tirer devant le café. L'excursion à la grotte, profonde de quatre cents m. environ, qui s'ouvre à dr. dans la paroi de la montagne, demande environ 2 h. (guide, 4 fr.).

La vallée, très étroite, se transforme en un court défilé; tandis qu'on remarque à g. les lacets du ch. de Nancy-sur-Cluses tracés sur le flanc de la *montagne de la Saluz*. Sitôt après le passage à niveau du ch. de fer, on arrive à Cluses (**3.5** — Ch.-l. de c. — 2.126 hab. — Hôt. *National*), où le bassin de l'Arve s'élargit tout à coup en une vaste plaine d'une rare fertilité.

Parvenu sur la place de la mairie (à dr., ancien couvent des Cordeliers qui a longtemps servi d'*école d'horlogerie*), abandonnant devant soi la r. de Bonneville (16.3), par Marignier (8), on prendra à g. la belle avenue de platanes qui conduit au pont de l'Arve (**0.5**).

De l'autre côté du pont, la r. serpente gracieusement au pied de la montagne ; tandis que s'étendent à dr. de larges prairies et des champs.

Dépassant le village de Scionzier (**2.3** — Rest. des *Marronniers*), partagé en deux par le torrent du *Foron*, et le village de Marnaz (**1.1**), on descend un peu pour s'élever ensuite par une rampe douce, longue d'un kil., vers Vougy (**3.9**). On domine à dr. le cours élargi de l'Arve, se frayant un passage entre les montagnes plus rapprochées.

La r. continue assez monotone, en ligne droite, dans le *Fond de Vougy*, jusqu'à l'entrée de Bonneville (**6.9** — Ch.-l. d'arr. — 2.213 hab.). Ici, laissant à g. la r. de La

Roche (7.1), on tournera à dr. pour passer devant la colonne, surmontée d'une statue du roi de Sardaigne Charles-Félix, et traverser de nouveau l'Arve.

De l'autre côté du pont, une large rue mène à la place centrale de Bonneville (**0.3** — Hôt. de la *Balance*), entourée de maisons bordées d'arcades. Sur cette place, tourner de suite à g. et suivre la ligne du tramway de *Bonneville à Annemasse*, par Contamine.

La r., très ondulée, s'élève à flanc de coteau, parmi des vignobles (Côtes : 5', 3', 2' et 2'); elle traverse plusieurs hameaux et découvre une vue étendue sur la vallée plaine de l'Arve ; à dr., apparaissent les ruines du château de Faucigny au sommet d'un promontoire rocheux.

Successivement on passe à Contamine (**8.2**), puis à Findrol (**2.8**), ce dernier village au croisement de la r. de La Roche (9) à Bonne (2.5).

Ici, abandonnant la direction de la ligne du tramway, qui fait un assez long détour par Bonne, on continuera devant soi par le ch. de Nangy (**1.3**) et d'Arthaz (**2**). A la sortie de ce second village, suivre à g. la nouvelle r. On atteint le bord du plateau et, par une belle descente dans le ravin du *Menoge*, on vient traverser le torrent sur un petit viaduc à double arche superposée.

De l'autre côté du viaduc, on longe quelque temps la rive droite du Menoge ; ensuite une rampe très douce fait regagner un plateau moins élevé. Au loin s'étend la plaine du Genevois, limitée par le lac de Genève et les montagnes du Jura ; tandis qu'à g. la vue s'arrête aux parois avancées du *Petit* et du *Grand-Salève*.

Dans Annemasse (**6.4** — Ch.-l. de c. — 2.380 hab. — Hôt. du *Mont-Blanc*), tournant à g., on traversera le pont du ch. de fer et on suivra la ligne du tramway d'*Annemasse à Genève*.

La dernière localité française, Moëllessulaz, est située sur la frontière (**2**). Immédiatement après avoir franchi le petit pont du *Foron*, on entre en Suisse, dans le gros village de Chêne.

Douane Suisse. — Les bureaux de la douane suisse se trouvent à dr., à côté du pont. Le cycliste, non membre du *Touring-Club*

d· *France*, devra verser en consignation pour le droit d'entrée de
sa machine une somme calculée à raison de 0 fr. 70 par kilog. On
lui délivrera un *certificat de contrôle avec dépôt*, et à la sortie de
Suisse, au bureau frontière, on lui restituera la somme versée.

Si le cycliste est membre du Touring-Club de France, il lui suf-
fira de présenter à la douane d'entrée sa carte de sociétaire (léga-
lsée, de l'année courante, et portant le numéro de la machine) pour
éviter tout versement d'argent. Toutefois on lui remettra un *laisser-
passer* qu'il ne devra pas négliger de rendre au bureau de douane
par lequel s'effectuera sa sortie.

Faute de cette constatation de sortie, l'administration de la douane
suisse réclamerait à la société du Touring-Club de France un
droit d'entrée sur la base de 15 kilogs, poids moyen des bicyclettes,
à raison de 70 fr. les 100 kilogs, soit 10 fr. 50 *.

La r. de Genève traverse la longue commune de
Chêne-Bourg (Côte : 3'). Parvenu sur la place où s'élève
la statue de *Louis Favre* (**1**) continuer à longer à dr. la
ligne du tramway. Ayant franchi le ruisseau canalisé
de la *Seine*, on gravira une dernière petite montée (4')
dans Chêne-Bougeries.

La r. passe devant les *Ecoles* de Chêne et, plus loin,
entre des propriétés ou des champs bordés de haies.
Après le hameau de La Boissière (**1.5**) on descend rapidement en laissant à dr. (**0.8**) la *gare des Vollandes*.

Dans Genève (Ch.-l. du canton de Genève — 106.738 h.),
suivre directement la rue de la *Terrassière* à laquelle
fait suite le beau *Cours de Rive* (Pavé : 1') ; plus loin,
continuer par les rues de *Rive* (pavé en bois) et de la
Croix-d'Or. Dans cette dernière rue, parvenu à hauteur
du n° 16 (à g.), tourner à dr. dans la rue *Céard*, où se
trouve situé, immédiatement à dr. et à l'angle des deux
rues, l'hôt. recommandé de l'*Europe* (**1.4**).

(*) — Ce régime douanier a été récemment modifié. Le Conseil
fédéral a décidé d'autoriser, à *l'essai*, pour l'année 1899 :

1° L'*entrée libre* en Suisse des bicyclettes sans autre formalité
que la présentation de la carte de membre du Touring-Club de
France ; 2° la *sortie* de la machine sans constatation.

Toutefois le membre du T. C. F. devra observer les deux
conditions suivantes :

1° Coller sa photographie sur sa carte, dans la case spécialement
réservée à cet effet et apposer sa signature sur cette photographie.

2° Mentionner aux places indiquées sur la carte, la nature, la
marque, le numéro de la machine et de nouveau sa signature.

Visite de la ville de Genève (environ 4 h.). — Le Jardin-Anglais. — Rue d'Italie. — La promenade de Saint-Antoine. — Rue des Chaudronniers. — Place du Bourg de Four — Le Palais de Justice. — Passage des Degrés de Poules (à g.). — Rue Favel (à g.). — La Cathédrale. — Rue Saint-Pierre. — Rue Petit-Saint-Pierre (à g.). — L'Arsenal (musée des Armures). — L'Hôtel de Ville. — La Treille. — Le Jardin botanique. — La promenade des Bastions (musée d'Histoire naturelle). — Place Neuve. — Le Musée Rath. — Rue de la Corraterie. — Quai de la Poste (à g.). — L'usine des forces motrices du Rhône. — Pont de la Coulouvrenière. — La promenade Saint-Jean. — Rue des Terreaux-du-Temple. — L'école d'horlogerie (musée des Arts Décoratifs et musée industriel). — Place des Vingt-Deux Cantons. — L'église Notre-Dame. — Place de Cornavin. — Rue du Mont-Blanc (à dr.). — Hôtel des Postes. — Place des Alpes (à g.). — Le monument Brunswick. — Quai du Mont-Blanc (à dr.). — Pont du Mont-Blanc (a g.) et le Jardin-Anglais.

Excursion recommandée au départ de Genève. — L'ascension du **mont Salève.**

Cette excursion se fait par l'une des deux lignes de tramways partant de Genève, soit de la *place du Molard*, soit du *cours de Rive*. Ces deux lignes se réunissent dans le vallon de Monnetier ; de là, une ligne unique de chemin de fer à crémaillère mène aux *Treize-Arbres*, sommet du mont Salève (Alt. : 1.200 m. — Buffet-restaurant) d'où on jouit d'un magnifique panorama sur le Mont-Blanc, les Alpes et le bassin du Léman.

Demander au bureau du tramway un *billet-circulaire* permettant d'aller par une ligne et de revenir par l'autre (prix : **7** fr. **80**). Huit départs par jour dans chaque sens.

Pour mémoire. — De **Genève à Macon**, par Bernex (**8**), Chancy (**9**), Collonges (**6** — Hôt. *Greffier*), Bellegarde (**12** — Hôt. de la *Poste*), Châtillon-de-Michaille (**6** — Hôt. du *Nord*), Saint-Germain-de-Joux (**6**), **Nantua** (**13** — Hôt. de *France*), La Cluse (**3**), Izernore (**6** — Hôt. *Rosset*), Matafelon (**6**), Thoirette (**1**), Corvessiat (**6**), Dhuys (**10**), Jasseron (**9**), **Bourg** (**8** — Hôt. de *France*), Polliat (**10** — Hôt. de l'*Europe*), Le Logis-Neuf (**6**), Saint-Cyr-sur-Menthon (**6** — Hôt. *Couvert*) et Macon (**12** — Hôt. du *Sauvage*).

DE CHAMONIX A VERNAYAZ

Par Les Praz, Les Tines, Argentière, Valorcine,
Le Chatelard, Finhaut et Salvan.

Distance : **35** kil. **600** m. *Côtes :* **4** h. **20** min.

Nota. — De Chamonix aux Tines, montée douce. Entre Les Tines et Argentière, côte de deux kil. et demi. Après Argentière, côte du col des Montets, longue de trois kil. trois cents m. Du col des Montets au Chatelard, descente modérée.

Du Chatelard à Vernayaz, on a le choix entre deux routes de voitures qui relient la vallée de Chamonix au Valais (Suisse). L'une, passe par La Tête-Noire (4 — Hôt. de la *Tête-Noire*), Trient (3 — Hôt. du *Midi*), le col de la Forclaz (2 — Alt. : 1.520 m.), Martigny (16 — Hôt. *Clerc*) et Vernayaz (4) ; la seconde, celle que nous décrivons, par Finhaut et Salvan, raccourcit de douze kil. Toutes deux sont pénibles et se valent comme terrain, la presque totalité du parcours devant être faite à pied, toutefois le trajet par Finhaut est de beaucoup le plus pittoresque.

Le cycliste ne voulant pas se fatiguer, aura la ressource, ayant déjeuné au Chatelard, de pouvoir prendre la voiture publique qui part du Chatelard à 2 h. de l'après-midi pour Vernayaz (prix : 12 fr. En voiture particulière, à une place, 20 fr.; à deux places, 25 fr.)

Ne pas oublier les formalités à remplir en entrant en Suisse au bureau de la douane du Chatelard.

Quittant l'hôt. de la *Croix-Blanche*, on remonte la vallée et on traverse l'*Arce*, au village des Praz (**2.4**). On passe entre les montagnes du *Montancert* et de *La Flégère*, dont on distingue les hôtels sur les cimes; à dr., le glacier de la *Mer de Glace* descend jusqu'à la vallée.

Après le hameau des Tines (**1.8** — Hôt. de la *Mer-de-Glace*), côte de deux kil. (25'), à travers un défilé boisé, où l'Arve, bouillonnant à g., forme de jolies cascades. Vue en arrière du Mont-Blanc.

La rampe s'adoucit malgré une petite côte (5'), à Grassonnay (**2.5**). Traversant de nouveau l'Arve, au-dessous du *glacier d'Argentière*, on se dirige vers le village d'Argentière (**1.9** — Hôt. *Bellevue*).

Six cents m. plus loin, la r., laissant à dr. le ch. du *col de Balme*, commence à gravir les lacets du petit col

des Montets (Côte : 45'), au milieu d'éboulis de roches.
Après le hameau de Trélechamp (**2.4** — Aub.), on atteint
le sommet du *col des Montets* (**0.9** — Alt. : 1.445 m.),
dans un couloir sauvage et désolé.

La descente s'effectue assez douce vers la vallée de
l'*Eau-Noire*, entourée de hautes montagnes couvertes de
sombres forêts, et le hameau de Poyaz (**2.1** — Hôt. du
Buet). Quelques m. plus loin, au pont sur l'Eau-Noire,
se détache à g. le sentier de la belle *cascade de Bérard*
(à pied : 25' — entrée : 50 c. — on peut laisser sa machine en garde à la cantine voisine du pont de l'Eau-
Noire) et du *Buet*, magnifique montagne dont on aperçoit les roches dentelées.

Successivement, on dépasse le hameau du Nant (**0.9**),
puis Valorcine (**1.4**), village laissé à g. La r., tracée en
terrasse, pénètre dans un court défilé et traverse le torrent. Plus loin, à g., jolie *cascade de la Barberine* (**1.8**).
On retraverse l'Eau-Noire pour entrer sur le territoire
suisse (**0.4**) et atteindre Le Châtelard (**0.2** — Hôt.
Suisse), hameau où se trouve située la *douane Suisse*.

Douane Suisse. — Pour les formalités à remplir à la douane
par le cycliste entrant en Suisse, *V.* page 112.

Nota. — Après avoir déjeuné au Châtelard, examiner si on est
à même de parcourir presqu'entièrement à pied, en poussant sa
machine, les dix-sept kil. qui séparent de Vernayaz; ou bien, si
on préfère utiliser la voiture publique pour cette localité, qui part
du Châtelard à 2 h. de l'après-midi, *V.* page 115.

La descente cesse, à six cents m. du Châtelard, à la
bifurcation (**0.6**) des ch. de La Tête-Noire (**4**) et de Vernayaz (indiqué par erreur à 12 kil. quand il y en a 16 kil.).

L'étroit et rocailleux ch. de Vernayaz, à g., s'accro-
chant au flanc de la montagne, s'élève en lacets très
durs, parmi les rochers et les sapins (Côte : 1 h. 15'),
jusqu'à une petite cantine (**1.7**), où on commence à
découvrir une vue merveilleuse sur la vallée de l'*Eau-
Noire*, prolongée par celle du *Trient*, cette dernière
dominée à dr. par le *glacier de Trient* et l'*Aiguille du
Tour*.

Atteignant un petit plateau, la rampe s'adoucit et on
peut utiliser avec prudence sa machine en roulant sous

bois, à une hauteur prodigieuse au-dessus de la vallée. Parvenu près de deux bancs, on aperçoit une dernière fois en arrière le sommet du Mont-Blanc.

Partie de descente à pied (5'), puis arrivée à Finhaut (**2.7** — Hôt. *Bel-Oiseau*), dans un site ravissant: A dr. on distingue l'hôt. de la *Tête-Noire* sur un rocher, à l'entrée de la vallée du Trient dont le torrent vient se confondre avec celui de l'Eau-Noire.

A la croix du village, monter à g. (Côte : 15') ; on passe sous une grange adossée à une maison ; puis le ch., d'abord à peu près de plain-pied, à une hauteur vertigineuse au-dessus des gorges du Trient, descend ensuite sous bois, par une série de lacets invraisemblables (à pied : 30') vers le hameau de Triquent (**4.4** — Hôt. du *Mont-Rose; de la Dent-du-Midi*) et le torrent du Triège (**0.2**).

Ici, s'arrêter au pont, près du *buffet cantine*, et visiter la **gorge** et la **cascade du Triège** (20' — Entrée : 1 fr.).

Le ch. remonte (15'), en passant au-dessous du hameau de Marecotte, puis descend au village de Salvan (**2.7** — Hôt. de *Salvan*).

La descente s'accentue à travers un étroit vallon boisé et le ch. décrit bientôt une multitude de courts lacets, taillés en véritables escaliers (à pied : 45'), depuis le haut jusqu'au pied de la montagne. Aussi est-ce avec' une certaine satisfaction qu'on voit apparaître, à travers les châtaigniers et les noyers, la large vallée du *Rhône* et sa belle route plate.

Au bas de la descente, on passe à proximité d'ardoisières et on atteint bientôt la r. de Brigues (87) à Genève, aux premières maisons du village de Vernayaz (**4.3**).

Tourner à dr. sur la r. de Brigues pour gagner l'extrémité opposée du village où se trouvent situés l'hôt. modeste des *Alpes* (**0.3**) ainsi que le grand hôtel des *Gorges-du-Trient* (cher), tous deux à cent m. de l'entrée des gorges du Trient.

Les **gorges du Trient** (25' aller et retour. — Entrée : 1 fr.), à dr. du village de Vernayaz, méritent d'être visitées. Une galerie de bois, suspendue aux parois des roches, permet de remonter la partie la plus grandiose des gorges au-dessus du torrent, jusqu'à une distance de sept cents mètres.

DE VERNAYAZ A VEVEY

(Rive Nord du lac de Genève)

Par Evionnaz, Saint-Maurice, Bex, Aigle, Roche, Villeneuve, Chillon, Montreux et Clarens.

Distance : **47** kil. **200** m. *Côtes :* **20** min. *Pacé :* **20** min.

Nota. — Route légèrement accidentée, souvent poussiéreuse, ne présentant aucune côte sérieuse. La partie de la vallée du Rhône parcourue entre Evionnaz et Villeneuve, quoique fort belle, est cependant un des trajets les moins pittoresques de la Suisse et les villages, sans caractère, qu'on traverse sont loin de rappeler ceux de l'intérieur du pays composés de coquets châlets.

A la sortie de Saint-Maurice, les cyclistes qui auraient l'intention de parcourir la rive Sud du lac de Genève devront se reporter à l'itinéraire de la page 129.

De Villeneuve à Genève, on peut également faire la traversée du lac en bateau à vapeur. Départs de Villeneuve à midi 50, 1 h. 35, 3 h. 10; arrivée à Genève à 4 h. 35, 6 h. 20. Prix : 7 fr. 50 ou 3 fr.

A partir de Villeneuve, le paysage change. La route longe la rive Nord du lac de Genève et ce n'est plus qu'un enchantement perpétuel. On se croirait alors facilement transporté sur les rives méditerranéennes, dans les parages de Nice ou du golfe de Naples.

Entre Chillon et Vevey, on devra faire très attention aux tramways.

Au départ de l'hôt. des *Alpes*, tourner à dr. sur la r. de Genève et retraverser le village de Vernayaz.

On laisse à g. **(0.3)** le ch. de Salvan, par lequel on est venu, et on descend la large *vallée du Rhône*, bordée de hautes montagnes.

La r., plate, passe devant la superbe **cascade de Pissevache (1.4 —** Entrée 1 fr. si on veut approcher de la chute et gravir le sentier, tracé à dr. sur le rocher); puis, entre deux rangées de peupliers, traverse le torrent de la *Salanfe*, au hameau de Miéville. Un kil. plus loin, on rencontre le hameau de Balmaz et, par une petite côte (4'), on gagne le village d'Évionnaz (**3.6 —** Pavé 2').

Une descente douce mène ensuite près d'un moulin (**1**), d'où on aperçoit à g., à l'extrémité d'un sombre vallon, les roches pointues de la *Dent du Midi*. Traversée d'un bois de petits pins et d'oseraies, long de deux kil. La r. descend agréablement, franchit le passage à niveau du ch. de fer et passe devant l'entrée (**2.3**) des *bains de Lavey* (traitement des affections scrofuleuses), à droite.

Montée de quatre cents m. pour traverser le torrent canalisé du *Maucoisin* et arriver à Saint-Maurice (**2.3 —** 1.666 hab. — Hôt. des *Alpes* — Pavé : 3').

A la sortie de cette ville la r. monte (2'), le long du Rhône, et passe entre deux immenses roches formant défilé pour atteindre, au pied du **château-fort de Saint-Maurice (0.6)**, le pont du Rhône.

A cet endroit se trouve la bifurcation des deux r. de Genève; soit par la rive Nord du lac (territoire suisse), soit par la rive Sud (territoire partie suisse, partie français).

Laissant à g. la direction de Saint-Gingolph (28 — r. de la rive Sud du lac de Genève), on traversera le pont à dr. (Pavé : 1'). De l'autre côté du pont, vis-à-vis la *Gendarmerie*, suivre à g. la r. de Bex (Côte : 2').

Dans ces parages, on remarque des fortifications qui datent de l'époque des dissensions survenues entre les cantons de Vaud et du Valais, en 1818.

La r. descend, puis ondule (Côte : 2') en entrant dans le bassin très élargi de la vallée du Rhône. A g., se détache (**2.8**) le ch. de Monthey (**4.7**); continuant à dr. on monte vers l'église de la ville de Bex (**0.9 —** 3.380 hab.) d'où on descend légèrement, à g., en passant devant l'entrée de l'hôt. des *Alpes* (**0.3**); cette maison, où on pourra déjeuner, est située à dr. dans un jardin.

Plus loin, laissant à g. **(0.4)** l'avenue conduisant à la gare de Bex, suivre à dr. la r. d'Aigle. Celle-ci s'élève légèrement au pied de coteaux plantés de vignes; puis, se déroulant à travers la plaine, franchit le torrent canalisé de la *Gryonne*; descente légère.

On laisse à dr. **(3.4)** le ch. de Villars (12.6) et, trois cents m. plus loin, on croise celui de Monthey (6) à Villars (12.1). Au-delà d'une grande ferme, à dr., on gravit une petite côte (5') pour passer entre les collines rocheuses de Saint-Triphon, à g., et d'Ollon, à dr.; ensuite, contournant un rocher, on atteint la petite ville d'Aigle**(5.3** — 3.540 hab. — Hôt. *Beau-Site* — Pavé : 4').

Ayant dépassé un chantier de bois, suivre la ligne du télégraphe, à dr., pour traverser la ville par la *rue du Midi*; puis, à g., par la rue du *Centre*.

A l'extrémité de la rue du Centre, parvenu sur une petite place plantée d'arbres, on traversera vis-à-vis le pont sur la *Grande Eau*; ensuite continuer à g. au pied des coteaux qui fournissent le vin renommé d'Yvorne, village situé à quatre cents m. sur la hauteur à droite.

La r. découvre le lac de Genève et descend en longeant la base de la montagne. Plus loin, elle traverse le village de Roche **(5.8)**; ensuite, très plate, oblique vers la plaine pour franchir la voie ferrée, près du village de Rennaz **(2.2)**. A g., se détache **(1.2)** le ch. de la Porte-du-Sex (6.2) qui relie la r. de la rive Nord du lac à celle de la rive Sud.

Approchant de Villeneuve, on aperçoit l'hôt. du *mont de Caux* dominant le lac. A l'entrée de Villeneuve **(0.9)** laisser à dr. la rue pavée, et suivre à g. le ch. qui conduit au bord du *lac de Genève*.

Le **lac de Genève**, ou *Léman*, mesure 72 kil. de longueur et plus de 13 kil. de largeur, entre Morges et Amphion; sa profondeur maximum est de 309 m. Son eau bleue, la beauté de ses rives ont rendu le lac de Genève célèbre dans le monde entier.

D'excellents hôtels et de charmantes pensions l'entourent de tous côtés offrant de délicieux séjours, principalement sur la côte suisse, dans la partie comprise entre Chillon et Lausanne.

Après être passé devant l'hôt. du *Port*, tourner à dr., puis à g., pour rejoindre la r. de Lausanne à la sortie de

Villeneuve ; petite montée et descente ; vue merveilleuse sur la rive du lac depuis Chillon jusqu'à Vevey.

La r., venant en bordure du lac, traverse le passage à niveau du ch. de fer. Elle longe une fabrique de chaux et, s'élevant légèrement au pied d'une roche taillée à pic, atteint le pont (**2.6**), au-dessus du ch. de fer, qui conduit à g. au *château de Chillon*.

Ici, laisser sa machine en garde au café voisin de la station du tramway *Vevey-Montreux-Chillon* et traverser le pont pour aller visiter le **château de Chillon** (durée de la visite : '') min. Entrée, 50 c.).

Au delà de Chillon (Hôt. pension *Chillon*) la r., en terrasse, passant au-dessus de la gare de Veytaux-Chillon (**0.3**), s'élève (Côte : 5') jusqu'aux premières maisons de Veytaux (**0.5**).

C'est à Veytaux que commence la rue, longue de quatre kil., bordée de magnifiques hôtels, de superbes villas et de beaux magasins, qui traversant les localités de Territet, Collonges, Bonport, Rouvenaz, Vernex, constitue, jusqu'au delà de Clarens, cette partie de la rive du Leman connue sous le nom de Montreux.

Montreux, le Nice du lac de Genève, est le rendez-vous d'une foule d'étrangers qui viennent y séjourner, principalement pendant les mois de septembre et d'octobre, pour y faire la *cure du raisin* et jouir d'une température excessivement douce, recommandée aux personnes délicates.

On descend ensuite à la gare de Territet-Glion (**0.6**), où se trouve à dr. l'embarcadère du funiculaire conduisant aux *Rochers-de-Naye*.

(L'excursion en funiculaire aux **Rochers-de-Naye**, par Glion et Caux (trajet en 1 h. 1/2. — Prix, 12 fr., aller et retour), est une des principales attractions de Montreux. En passant une nuit au Grand Hôtel des Rochers-de-Naye (Alt. : 2.045 m.) on pourra assister au coucher et au lever du soleil et jouir d'un panorama splendide embrassant les Alpes Bernoises, une partie des Alpes du Valais et de celles de la Savoie et tout le lac de Genève.)

La r. passe au-dessous du curieux cimetière de Montreux, franchit un passage à niveau et descend la rue du

Bon-Port ; à dr. (**1**) embarcadère du ch. de fer à crémail-lère de Trait-Planches, vis-à-vis l'entrée de l'avenue *Nestlé*.

Nota. — Le funiculaire de Trait-Planches, à dr., conduit à la localité voisine de ce nom, ainsi qu'à la vieille église de Montreux, celle-ci renommée pour la belle vue qu'on découvre de sa terrasse. Les Planches sont situées à l'entrée de la **gorge du Chaudron**, une des jolies promenades de Montreux.
L'avenue *Nestlé*, à g., descend au nouveau quai de Montreux que le cycliste peut également suivre pour se rendre à Vevey, sans passer par la ville. Dans ce cas, on rejoint la route de Vevey vis-à-vis le n° 102 de la Grande rue.

Le prolongement de la rue du Bon-Port, l'avenue du *Kursaal* (le Kursaal, à g., possède une salle de spectacle et un jardin où la musique se fait entendre trois fois par jour), ensuite la *Grande rue*, mènent à la place du *Marché* (**0.5**), centre de Montreux, où se trouve situé à dr. l'hôt. recommandé du *Parc*.

Dans Clarens, continuation de Montreux-Vernex, la rue du *Lac* (trois montées) passe devant l'église catholique (**0.8**) et, à la sortie de Clarens, devant le dépôt des tramways.

Quittant la longue bordure des maisons, la r. descend ; puis, ondulée, tracée en terrasse au-dessus du lac, traverse des vignobles. A g., la vue s'étend sur la partie supérieure du lac et les Alpes Valaisanes ; l'île minuscule de la *Roche des Mouettes* émerge à peu de distance de la rive.

Dans la *Grande rue* du village de la Tour-de-Peilz, parvenu à la rue du *Château* (**4.6**), tourner à g. pour reconnaître le château qui a donné le nom à la localité ; ensuite suivre à dr. l'avenue du *Lac*, ramenant, vis-à-vis le petit square d'*Entre-deux-Villes*, à la r. du tramway et à l'entrée de Vevey (10.482 h.), la seconde ville du canton de Vaud.

Ici, deux itinéraires se présentent pour se rendre à l'hôt. dans Vevey. Si on traverse la ville, suivre la ligne du tramway par la rue d'*Italie* (Pavé : 10') et, au beffroi, (**1.1**) continuer à dr. par la rue du *Simplon* qui mène devant la porte de l'hôt. des *Trois-Rois* (**0.5**).

Le second itinéraire, en bordure du lac (interdit aux cyclistes, à partir de 7 h. du soir, du 15 mai au 15 octobre), allongeant de trois cents m., tourne à g., au square d'*Entre-deux-Villes* (*V.* ci-dessus), et suit les quais *Sina* et *Perdonnet* jusqu'à la place de l'*Ancien-Port*. Tournant à dr., ensuite à g. par la rue du *Lac* (Pavé : 2'), on aboutit à la *Grande-Place*. Sur cette place, la rue du *Théâtre*, à dr. (Pavé : 2'), conduit à l'hôt. des Trois-Rois.

Nota. — Le cycliste qui ne s'arrête pas à Vevey, pourra de la Grande-Place rejoindre directement la route de Lausanne. Laissant à dr. la rue du Théâtre, on continue vis-à-vis par la *promenade du Rivage*, au bord du lac, à laquelle fait suite le quai de la *Raanderie*, à g. Plus loin, le quai de la *Vereysse*, à dr., conduit à un premier pont qu'on traversera à g. De l'autre côté de ce pont l'avenue du *Grand-Hôtel* aboutit à la route de Lausanne.

DE VEVEY A LAUSANNE

Par Saint-Saphorin, Rivaz, Epesses, Cully et Lutry.

Distance : **18** kil. **800** m. *Côtes :* **36** min. *Pacé :* **4** min.

Note. — Route ondulée, tracée en terrasse au-dessus du lac de Genève. Une seule longue côte de trois kil., dont deux kil. très durs, précède Lausanne. Faire attention aux tramways entre Lutry et Lausanne.

Au delà de l'hôt. des *Trois-Rois,* la rue de *Lausanne* (Pavé : 2') conduit à la place de la *Gare.* De l'autre côté de la place, traversant le pont sur la *Vereysse* on continuera par l'avenue du *Plan* pour rejoindre l'avenue du *Grand-Hôtel* (V. page 123). Ici obliquer à dr. et, ayant franchi le passage à niveau du ch. de fer, à la place *Bergère,* prendre à g. la r. de Lausanne.

Celle-ci s'élève en rampe légère; puis, dominant le lac, longe à mi-côte des vignobles très soignés. Laissant à dr. (**2.6**) le ch. de Mourron, on continuera à g. pour passer aux villages de Saint-Saphorin (**1.5**) et de Rivaz (**1** — Vieux château). Raidillon (1') suivi d'une petite descente rapide dans le voisinage d'une fabrique. Après le hameau d'Epesses (**3**), agréable descente vers Cully (**1.8** — Hôt. de la *Ville*).

La r. ondule, souvent entre deux murs; ensuite descend, toujours au milieu des vignes, vers Lutry (**4.3** — Hôt. de la *Couronne*). A l'entrée de ce bourg, un avis prévient les cyclistes qu'ils doivent mettre pied à terre (2'). Dépassé Lutry on laissera à g. (**0.3**) le ch. d'Ouchy (5.1) pour monter à dr. la r. de Lausanne ; forte côte de deux kil. (30'), au delà du *viaduc de la Conversion*, qu'on voit à g., au-dessus du vallon de la *Paudèze*.

On entre dans Lausanne (Ch.-l. du canton de Vaud — 42.080 hab.) par l'avenue de *Rumine*, dont le prolongement, l'avenue du *Théâtre* (Côte : 5'), mène à la place *Saint-François*. Passant entre l'église Saint-François, à dr., et la Poste, à g., on ne tarde pas à se trouver vis-à-vis l'hôt. recommandé du *Grand-Pont* où on s'arrêtera (**4.3**).

Visite de la ville de Lausanne (environ 5 h.). — Traversée du Grand-Pont. — Place Belair. — Rue Haldemand (à dr.). — Place de la Riponne. — Le Musée Arlaud. — Escaliers du Marché. — Terrasse de la Cathédrale. — La Cathédrale (30 c.). — Le Musée Cantonal. — Rue Cité-Devant. — Place du Château. — Terrasse du Château. — Place de la Barre. — Le Signal de Lausanne. — Place de la Barre. — Rue de la Solitude. — Rue de la Caroline. — Rue Saint-Pierre (à dr.). — Rue de Bourg. — Place Saint-François. — Rue du Grand-Chêne. — Le Tribunal fédéral. Terrasse du Tribunal fédéral. — Descente de la gare du Flon (funiculaire pour Ouchy, le port de Lausanne, trajet en 9' prix : 80 c. ou 40 c., aller et retour). — Place Pépinet. — Rue Pépinet.

DE LAUSANNE A GENÈVE

Par Morges, Saint-Prex, Allaman, Rolle, Nyon, Coppet, Versoix et Genthod.

Distance : **61** kil. **400** m. *Côtes :* **24** min. *Pavé :* **8** min.

Nota. — Cette route, généralement poussiéreuse, est légèrement accidentée entre Lausanne et Morges; puis seulement ondulée de Morges à Genève; mauvais terrain à partir de Versoix.

Sortant de l'hôt. du *Grand-Pont*, traverser à g. le *Grand-Pont;* puis, par la place *Belair*, la rue des *Terreaux*, à g., et la place de *Chauderon*, gagner la r. de Genève, en laissant à dr. (**0.9**) celle de Cossonay (14.7) et d'Yverdun (30).

Belle descente; à dr. se détache (**1.5**) le ch. de Cottens (15). La r. décrit une grande courbe, passe sous le ch. de fer et croise (**1.3**) le ch. d'Ecublens. Le pays change d'aspect, on quitte les vignobles pour traverser une prairie et, par deux montées (4' et 3'), on regagne une plaine assez étendue.

Les montagnes de la rive Sud du lac vont s'abaissant. A g., on entrevoit le village de Saint-Sulpice, à un kil. de distance. Descente au pont de la *Venoge*, suivie d'une petite côte (2'); à dr. (**5.6**), ch. d'Echallens (16.7). Une nouvelle descente conduit à l'entrée de Morges (**2.8** — 4.100 hab. — Hôt. du *Mont-Blanc*).

La traversée de cette petite ville offrant peu d'intérêt, à l'église, on tournera à g. pour suivre de préférence les quais *Lochmann* et du *Mont-Blanc*. Quand le ciel est découvert, c'est de Morges qu'on a la plus belle vue du *Mont-Blanc*, dont la cime neigeuse vient se refléter dans les eaux du lac.

Parvenu vis-à-vis le château de Morges (converti en arsenal), tourner à dr.; ensuite, à la place du *Manège*, à g., sur la r. de Genève.

Celle-ci, plate, bordée de beaux arbres, présente de jolies échappées sur le lac. Montée douce; puis petite côte (2') à Saint-Prex (**4.7**), où se détache à dr. le ch. de Ballens (12). La r., s'écartant du lac, passe de nouveau parmi des vignobles, puis longe la ligne du ch. de fer. A dr., station d'Étoy (**2.6**); plus loin, pont et viaduc sur l'*Eaubonne* (**1.6**); petite côte (2').

Après le hameau d'Allaman (**0.9**), jolie descente. La r., aplanie, se rapproche du lac. Au loin, vers la g., on distingue la plaine du Genevois et le mont *Salève*; en face, le commencement du lac inférieur, tandis qu'à dr. la chaîne du Jura borne l'horizon.

A la sortie de Rolle (**4.8** — Hôt. de la *Tête-Noire*), suivre la r. à dr., bordée du télégraphe. D'abord resserrée entre deux murs, elle continue ensuite entre des haies clôturant des propriétés particulières. Montées légères; à dr., sur les coteaux, les villages de Gilly et de Bursins apparaissent parmi les vignobles qui fournissent le crû renommé de *la Côte*.

On s'éloigne de nouveau du lac; à dr. (**6.1**), ch. de la gare de Gland (1.2) et dans cette direction, sur une hauteur boisée, le château tout blanc de Bassins.

Plus loin, on longe à g. (**1**) le mur de la *Bergerie* et, au-delà d'un bouquet de bois et du pont sur la *Promenthouse* (Côte : 4'), on passe à proximité (**2.7**) du *château de Prangins*, à dr. dans la verdure, deux propriétés qui ont appartenu au prince Jérôme Napoléon.

Du haut de la côte, vue pittoresque sur Nyon et son vieux château; à g., le lac atteint sa plus grande largeur, treize kil., entre Nyon et Thonon, sur la rive savoisienne.

A l'entrée de la ville (**1.4** — 5.025 hab. — Hôt. *Beau-Rivage*), près d'une fontaine, laissant à dr. la r. de Saint-Cergues (13.6) et des Rousses (23), on suivra à g. la rue de *Rive* (Pavé : 3' — curieuse fontaine ornée de la statue d'un guerrier).

Dépassé Nyon, la r., rapprochée du lac moins large, s'élève (Côte : 2') au milieu d'une riante contrée. A g., deux petits hôtels restaurants dépendent de Céligny (**5**), village situé, à dr., sur une gracieuse colline.

Dans Coppet (**4** — Hôt. du *Lac*), dont le château fut longtemps la demeure de Necker, le ministre des finances de Louis XVI, la circulation à vélocipède étant interdite, on traversera à pied le village (**5'**).

Nouvelle montée (**2'**); à dr., une échancrure, dans la chaîne des monts du Jura, indique le passage du *col de la Faucille;* à g., du côté de la rive française, le *Mont Blanc* apparaît magnifique.

La r. de Divonne (**9**) rejoint la nôtre (**3.2**) et, après une courte rampe, on atteint le commencement de la commune de Versoix, où vient aboutir (**1.4**) la r. de Gex (**11.3**). On traverse le pont sur la *Versoix* (Côte : 3'), laissant à dr. (**1.2**) le ch. de Ferney (**5.2**), localité rendue célèbre par le séjour qu'y fit Voltaire.

Les habitations et les murs des jardins masquent la vue du lac depuis Versoix. Au delà de Genthod (**2.5**), on passe devant le *château Rothschild* (**2** — magnifique parc) et, plus loin, devant la belle propriété où se trouve le *Musée Ariana* (**1** — objets d'arts divers. — Ouvert de 10 h. à 6 h., gratuitement les dimanches et jeudis ; 1 fr. les autres jours).

L'entrée dans Genève (Ch.-l. du canton de Genève — 106.738 hab.) s'effectue par la rue de *Lausanne*. Ici, faire attention, parvenu à hauteur d'une maison avec grille (à g.) dont les piliers portent inscrits les n°⁵ 74-370, avoir soin de quitter (**1.3**) la rue de Lausanne pour descendre à g. la rue *Butini*. Celle-ci conduit au quai du *Léman*, et à celui du *Mont-Blanc*, qu'on suivra à dr. jusqu'au magnifique *pont du Mont-Blanc*.

Ayant franchi ce pont à g., on traversera, vis-à-vis et un peu à dr., le square, en passant à g. d'une petite fontaine ornée d'une statue en bronze; puis, coupant le *Grand Quai*, on s'engagera dans la rue *Céard*, où se trouve situé, à l'extrémité de cette rue et à g., l'hôt. recommandé de l'*Europe* (**1.9**).

Nota. — Pour la visite de la ville de Genève, *V.* page 111.

DE VERNAYAZ A ÉVIAN-LES-BAINS

(Rive Sud du lac de Genève)

PAR EVIONNAZ, SAINT-MAURICE, MASSONGEX, MONTHEY, MURAZ, VIONNAZ, VOUVRY, LE BOUVERET, SAINT-GIN-GOLPH ET MEILLERIE.

Distance : **56** kil. **700** m. *Côtes :* **23** min. *Pavé :* **7** min.

Nota. — Cette route, à peu près plate, aux ondulations peu sensibles, laisse à désirer comme terrain entre Saint-Maurice et Le Bouveret. A partir du Bouveret, devenant bonne elle côtoie partie en terrasse, partie à niveau, le lac de Genève et offre des points de vue de toute beauté.

Quitter Vernayaz assez tôt pour pouvoir aller déjeuner au Bouveret.

Ne pas oublier les formalités à remplir en sortant de Suisse au bureau de la douane de Saint-Gingolph (*V.* page 130).

De Vernayaz au château-fort de Saint-Maurice (**11.5** — Côtes : 6' — Pavé : 5'), *V.* page 118.

Laissant à dr. le pont sur le *Rhône,* on continuera à g. la r. de Saint-Gingolph. Celle-ci, raboteuse, assez mal entretenue, longe un moment la rive g. du fleuve ; puis s'en écarte et passe successivement à Massongex (**2.5**), ensuite à Monthey (**3.5** — Pavé : 2'). Sur la place de cette localité, tourner à dr. et, parvenu à l'angle de l'hôt. du *Cerf,* prendre le ch. à g. devant l'église ; petite descente.

A Colombey (**2**), la r. laisse à dr. le ch. d'Aigle (8.9) et de Bex (8.5). Elle longe la base des montagnes qui bordent la vallée du Rhône, puis, entre des peupliers, traverse des prairies ; légère rampe.

Au-delà des villages peu intéressants de Muraz (**2**) et de Vionnaz (**4.2**), une côte (**1'**) conduit à un petit bois

5.

où on franchit le torrent descendant de la montagne de *Chaux-Longe.*

Après la montée (3') de Vouvry (**3**), une légère rampe mène à la *Porte-du-Sex* (**1.6**), porte jadis fortifiée défendant l'accès du Valais. On passe au hameau des Evouettes (**1.7**).

Gravissant une dernière rampe (5'), à mi-coteau, on découvre bientôt, au sortir d'un bois, le beau lac de Genève (*V.* page 120) et on atteint le village du Bouveret (**3.2**), dans une situation des plus pittoresques, à l'extrémité Sud-Est du lac.

La r., tracée en corniche, s'améliore et mène devant l'entrée du parc de l'excellent hôtel, pension-restaurant du *Châlet de la Forêt*, où on devra s'arrêter pour déjeuner. De la terrasse de cet établissement, on jouit d'une vue incomparable.

Plus loin, à Saint-Gingolph (**4.3**), village appartenant par moitié à la Suisse et à la France, la frontière (zône neutre) est délimitée par le ruisseau de la *Morge*. Le bureau de la *douane suisse* se trouve à dr. avant le pont.

Douane Suisse. — Le cycliste non membre du *Touring-Club de France,* qui aurait versé une certaine somme pour droits d'entrée de sa machine à la douane suisse du Châtelard (*V.* page 116) devra présenter ici son *certificat de contrôle avec dépôt* et on lui restituera intégralement la somme versée en entrant en Suisse. S'il est membre du Touring-Club de France, il ne devra pas oublier de remettre son *laisser-passer,* délivré au Châtelard, pour faire constater sa sortie (*V.* page 113).

La r., admirable, resserrée entre le lac et la ligne du ch. de fer, au pied du *pic de Blanchard*, s'éloigne de plus en plus des Alpes Valaisanes, laissées en arrière. A dr., au loin, sur la rive suisse, les montagnes s'abaissent peu à peu vers Lausanne.

Après les hameaux des Noirettes (**3.1**) et de Locum (**1**), on passe devant d'importantes carrières de pierres; puis, ayant franchi un passage à niveau et gravi une petite montée (2'), on descend vers Meillerie (**2.9**).

Plus loin, on laisse à g. le village de Lugrin (**4.1**), parmi les châtaigniers; à dr., de coquettes villas bordent la r. Celle-ci, à présent au niveau du lac, longe de

charmantes grèves, où les cabanes de pêcheurs, les bar-
ques, les filets étendus et le murmure du flot rappellent
en petit les bords de la mer. Le lac de Genève s'étend
ici dans toute sa beauté, et le spectacle en est peut-être
plus magnifique que vu de la rive Nord.

Dépassé la Tour-Ronde (**0.8**), s'élève à g. le joli *château de Blonay;* ensuite, on rencontre les villages de
Petite-Rive (**2.4**) et de Grande-Rive (**1**), habités par
des pêcheurs.

D'élégantes propriétés, à g.; un joli jardin public, à dr.,
ne tardent pas à annoncer l'approche d'Évian-les-Bains
(Ch.-l. de c. — 2.777 hab.), station balnéaire très fréquentée, admirablement située sur un ravissant coteau qui
domine le lac.

A l'entrée de la ville (**1.3**), deux itinéraires se présentent. Si on fait étape à Évian, laissant à dr. l'avenue de
platanes, devant le port, on gravira à g. l'avenue du
Port (Côte : 3'). On traverse Évian par la rue *Nationale*
(excellent pavage), qui passe devant l'établissement thermal (traitement des affections de la vessie, des reins et
du foie) et l'Hôtel de Ville, pour gagner l'hôt. de *France*
(**0.6**), situé à g., à l'autre extrémité de la ville.

Si on ne s'arrête pas à Évian, on suivra à dr. l'avenue de platanes passant devant le port; puis par le joli quai du *Baron-de-
Blonay*, devant le Casino, la place de la *Porte-d'Allinges*, et le
boulevard de la *Gare* (Côte : 2'), on rejoindra (1) la r. de Thonon à
la sortie d'Évian.

D'ÉVIAN-LES-BAINS A GENÈVE

Par Amphion-les-Bains, Thonon, Massongy, Douvaine, Corsier et Vezenaz

Distance : **43** kil. *Côtes* : **17** min. *Pacé* : **9** min.

Nota. — Excellente et ravissante route, légèrement ondulée ; aucune côte sérieuse. Belle descente de La Belotte en arrivant à Genève.

No pas oublier les formalités à remplir en entrant en Suisse au bureau de la douane d'Aniéres.

Quittant l'hôt. de *France*, on suivra à g. la r. de Genève. A la sortie de la ville **(0.4)**, on laisse à g. l'avenue de la *Gare* ; et, cent m. plus loin, à dr., le boulevard descendant au quai d'Évian ; du même côté, beau château orné de quatre tours d'angle.

La r., charmante, voisine du lac, dépasse à g. **(0.3)** le ch. de Publier **(2)** et longe bientôt à dr. la *villa Bassaraba* **(1.7)** dont on peut visiter le beau parc (pourboire: 50 c.). Six cents m. plus loin, on trouve les bains d'Amphion *(Grand-Hôtel)* dont les eaux, similaires à celles d'Évian, sont entourées d'un bois de châtaigniers.

Après le hameau d'Amphion **(1.2)**, la r. s'éloigne du lac pour gravir en rampe douce, pendant un kil., les terrains du grand delta formé par les alluvions de la *Dranse*. On traverse le passage à niveau du ch. de fer et on laisse à g., au hameau de la Concorde **(2.8)**, le ch. d'Abondance (27.3).

La *Dranse*, torrent très large, est franchie sur un beau pont, voisin des ruines d'un pont plus ancien, près le hameau de Vongy **(0.6)**, où se détache à g. le ch. de Tully (1.2).

La r. monte (6') entre deux talus ; belle vue à g. sur

les montagnes de la Savoie et l'entrée de la vallée de la Dranse ; nouveau passage à niveau du ch. de fer.

On entre dans Thonon (**2.5** — Ch.-l. d'ar — 5.780 hab. — Hôt. de *France*) par la rue des *Ursules* (Pavé : 8') menant à la place du *Château* (très belle vue à dr. sur le lac et le vieux Thonon). De l'autre côté de la place, continuer par la *Grande rue*.

A l'extrémité de la Grande rue, parvenu à la place de la *Croix*, ornée d'une fontaine, laissant à g. la r. d'Annecy (77) on suivra à dr. la r. de Genève.

Celle-ci, bien tracée, large, se déroule à travers une jolie campagne, mais demeure éloignée du lac. Elle descend doucement jusqu'au pont et au hameau de Marclaz-Dessous (**3.1**) ; puis, après une côte (3'), ondule légèrement. On croise (**2.8**) le ch. de Séchex (0.5) à Margencel (2).

Au hameau de Jussy (**0.8**), trois échancrures de terrain permettent d'apercevoir au loin le lac diminué de largeur ; à celui de Bonnatray (**1.6** — un raidillon), se détache à g. le ch. de Brécorens (4.5). On laisse à dr. l'ancienne r. et, par une descente courbe, on traverse le vallon du *Foron* (Côte : 3'), au-dessous du village de Sciez.

A la bifurcation (**1.2**) du ch. d'Yvoire (4.8), continuer à g. Montée douce de deux kil. et demi suivie d'ondulations (Côtes : 2' et 3') ; ensuite descente au village de Massongy (**3.8**).

La r. traverse une plaine étendue, bornée à g. par le *mont de Boisy*. Sur cette hauteur on distingue, au milieu des bois, les tours d'un beau château féodal restauré.

A la sortie du bourg de Douvaine (**2.7** — Ch.-l. de c. — 1.294 hab. — Hôt. de la *Poste*), la r. de Genève, entre le ch. de Machilly (6.9), à g., et celui d'Hermance (5.1), à dr., est accompagnée par une ligne de ch. de fer à voie étroite. Elle est bordée d'une rangée de peupliers jusqu'à l'*orphelinat* du R. P. Joseph (**1.3**) touchant le hameau d'Eaubonne (**0.1**).

Légère montée, puis descente douce jusqu'au petit pont sur le ruisseau de l'*Hermance* délimitant la frontière (**4.5**) franco-suisse.

Trois cents m. plus loin est situé, à dr., le bureau de la *douane suisse* dépendant de la commune d'Anières.

Douane Suisse. — Pour les formalités à remplir à la douane par le cycliste entrant en Suisse, *V.* page 112.

Après une courte montée on descend à Corsier (**1.7**), ensuite au hameau de La Repentance (**0.6**). A la bifurcation suivante (**1.1**), laisser à g. la r. de Cologny (4.5) et le ch. de Jussy (4.3) pour suivre à dr. la r., avec rails, descendant à Vézenaz (**1.8**); on découvre de nouveau le lac, vue ravissante sur le golfe de Genève et les monts du Jura.

Au bas de la descente de La Belotte, rejoignant le bord de l'eau, on côtoie le lac pendant quatre kil. environ.

Dépassé le ch. (**3.8**) de la rampe de Cologny (0.8), commence le quai des *Eaux-Vives*. A g., on remarque l'entrée du *parc des Eaux-Vives* (**0.6**), magnifique promenade avec restaurant, théâtre, guignol et concerts (entrée : 50 c.). Cent m. plus loin, laissant à g. le ch. des Eaux-Vives, on entre définitivement dans Genève (Ch.-l. du canton de Genève — 106.738 hab.).

A l'extrémité du quai des Eaux-Vives (**1.2**), que bordent de belles constructions, longer le *jardin anglais*, à dr., et continuer par le *Grand quai*. Parvenu à la limite du jardin anglais, laissant à g. la place du *Port* (Pavé : 1'), on suivra encore le Grand quai jusqu'à la première rue à g., la rue *Céard*. A l'extrémité de cette rue est situé à g. l'hôt. recommandé de l'*Europe* (**0.8**).

Nota. — Pour la visite de la ville de Genève, *V.* page 114.

DE GENÈVE A ANNECY

Par Plan-les-Ouates, Perly, Saint-Julien, Le Grand-Chable, Le Mont-de-Sion, Jussy, Cruseilles, Le Pont de La Caille, La Caille, Pringy, et Le Pont de Brogny.

Distance : **43** kil. **500** m. *Côtes :* **2** h. **6** min.
Pavé : **6** min.

Nota. — Route montante jusqu'au col du Mont-de-Sion. Entre Saint-Julien et le Mont-de-Sion, côte de sept kil. Du Mont-de-Sion à Jussy, descente. De Jussy à Cruseilles, fortement ondulé. Au delà de Cruseilles, descente presque continuelle jusqu'au pont de Brogny.

Ne pas oublier les formalités de douane à remplir, à la sortie de Suisse, au bureau de Perly, et, à l'entrée en France, sur la limite de la zone neutre, au pont de La Caille.

Les localités du parcours offrant peu de ressources, on fera bien de quitter Genève après le déjeuner.

Au sortir de l'hôt. de l'*Europe*, tourner à g., puis de suite, à dr., dans la rue de la *Croix-d'Or*, celle-ci prolongée par les rues du *Marché*, des *Allemands* et *Centrale*. Parvenu à la rue de la *Corraterie*, tourner à g. pour traverser plus loin, en biais, la place *Neuve* et continuer par la rue du *Conseil-Général*.

Arrivé au *rond-point de Plainpalais* (éviter de prendre devant soi la rue de *Carouge*, qui, dans la traversée de ce faubourg, présente un kil. d'affreux pavage), biaiser à dr. et suivre à g. l'avenue de *Lancy*, en bordure de la *plaine de Plainpalais*. A l'extrémité de la plaine continuer à dr. par le boulevard du *Pont-d'Arve* menant au pont sur l'Arve.

De l'autre côté de ce pont (**1.9**), laissant, à dr., le ch. de la *Queue-d'Arve* et la rue des *Acacias*, et, à g., le quai du *Cheval-Blanc*, on suivra devant soi la route *Caroline*, dans la direction de Saint-Julien.

Le prolongement de la route Caroline, la rue *Jacques-Dalphin* conduit directement à la rue *Ancienne* (Pavé : 1'), voisine de la place du *Rondeau*, à dr., point extrême de Carouge (**1.6**).

Sur la place du Rondeau, laissant à g. la r. de Drize, on continuera à dr. par la r. de Saint-Julien. Celle-ci gravit la courte montée du Bachet-de-Pesez, puis traverse la plaine de Plan-les-Ouates (**2.1**). A g. s'éloigne (**0.5**) le ch. d'Arare (0.5) et de Bardonnex (2); ensuite la r., ayant dépassé quelques maisons dépendant d'Arare, ondule et s'élève peu à peu (Côte : 1') vers Perly (**2**) dernier village genevois où se trouve situé, à dr., le bureau de la *douane suisse*.

Douane suisse. — Le cycliste non membre du *Touring-Club de France* qui aurait versé une certaine somme pour droits d'entrée de sa machine à l'un des bureaux de la douane suisse soit du Châtelard (*V.* page 116), soit d'Anières (*V.* page 131), soit de Chêne (*V.* page 112), devra présenter ici son *certificat de contrôle avec dépôt* et on lui restituera intégralement la somme versée en entrant en Suisse. S'il est membre du Touring-Club de France, il ne devra pas oublier de remettre son *laisser-passer* (délivré à l'une des douanes d'entrée) pour faire constater sa sortie (*V.* page 113).

Franchissant la frontière franco-suisse, située six cents m. environ au-delà de Perly, près un débit isolé (**0.6**), on atteint bientôt Saint-Julien (**0.9** — Ch.-l. d'arr. — 1.521 hab.), première localité française.

A la sortie de Saint-Julien se détache, à dr. (**0.7**), la r. de Seyssel (34), par Frangy (22). Continuant à g., après le passage à niveau de la *ligne de Bellegarde à Évian*, on monte (20') vers une vaste plaine, limitée à g. par la chaîne du *mont Salève*.

Au hameau des Mouilles (**3.1**), la côte reprend pendant cinq kil. et demi (1 h. 30) pour gravir le petit col du *Mont-de-Sion*, qui sépare les bassins fertiles du Ge-

necois de celui du *Rhône*. Sur le premier versant, on rencontre le village du Grand-Chable (**2.1**).

Le hameau du Mont-de-Sion (**3.2**) est situé au sommet du col de ce nom (Alt. : 798 m.), d'où une descente agréable de deux kil. permet de jouir d'une vue étendue sur la région très mouvementée du bassin du Rhône.

Dépassant Jussy (**2**), la r. contourne le mont Salève; elle ondule à flanc de montagne (Côtes : 3', 1' et 2') pour atteindre, en rampe douce, le village plus important de Cruseilles (**4.4** — Ch.-l. de c. — 1.889 hab. — Hôt. de la *Poste*), caché derrière un roc isolé.

On sort de cette localité par une côte (2') suivie d'une courte descente; puis, après une nouvelle montée (2'), une magnifique descente conduit au fameux *pont de La Caille* (**3.2** — Hôtel).

Le **pont de La Caille**, long de 192 m., large de 6 m., est suspendu au-dessus de la *gorge des Usses* à une élévation de 147 m. Un petit *établissement thermal* (traitement des affections cutanées, de la scrofule, des rhumatismes et des maladies du larynx et de la poitrine), situé au fond de la gorge, est relié par un chemin au pont de La Caille.

De l'autre côté du pont de La Caille, on rencontre le premier poste de la *douane française*.

Douane française. — C'est ici que le cycliste devra faire constater le plombage de sa machine, plombée précédemment à Flumet, à l'entrée de la zone neutre (*V.* page 105), faute de quoi on serait obligé de payer pour sa machine un droit d'entrée calculé à raison de 2 fr. 20 c. par kilog.

La r., laissant à dr. les *monts de la Balme*, continue à descendre pendant deux kil. en passant entre le hameau de La Caille (**1**) et le village d'Allonzier, ce dernier à dr. Elle ondule ensuite à travers une jolie campagne, variée, dont l'horizon est borné par les belles montagnes de la Haute-Savoie.

Après une petite côte (2'), la descente reprend pendant deux kil. On passe au-dessous du village de Pringy (**8**) et de la station de ce nom (**0.9**), laissés à g. de la r. La descente cesse au hameau du Pont-de-Brogny (**1**), où la r. de Bonneville (33) vient rejoindre la nôtre.

On traverse le torrent du *Fier* sur un beau pont, entre le viaduc du ch. de fer, à g., et l'ancien pont de la vieille r., à dr.; passage pittoresque.

De l'autre côté du pont, une belle avenue de marronniers traverse la *plaine des Fins* et conduit, à l'entrée d'Annecy, à la place *Carnot* (**3.4**). Continuer devant soi pour franchir le passage à niveau du ch. de fer; puis, par le faubourg et la rue du *Bœuf* (Pavé : 5'), on atteindra le croisement (**0.6**) des rues *Royale* et du *Pâquier*. En tournant à dr. dans la rue Royale, on arrive presque aussitôt, soit à l'hôt. de l'*Aigle,* soit à l'hôt. des *Négociants,* tous deux situés à g., aux nᵒˢ 3 et 5.

Nota. — Pour la visite de la ville d'Annecy, *V.* page 97.

D'ANNECY A CULOZ

PAR LES MOLASSES, MARCELLAZ, RUMILLY, VALLIÈRES, SION, SAINT-ANDRÉ, CHATEAUFORT, SERRIÈRES ET SAUMONT.

Distance : **49** kil. **900** m. *Côtes :* **1** h. **35** min.
Pavé : **3** min.

Nota. — Route acidentée entre Annecy et Rumilly. Deux côtes de quinze cents m. et d'un kil. De Rumilly à Saint-André, descente en partie douce; montées insignifiantes. Côte de Châteaufort longue d'un kil., ensuite ondulations sans importance ou terrain plat.

Si on compte visiter les gorges du Fier, dont le détour, en dehors de la route, demande environ deux heures et demie, on fera bien de partir d'Annecy de bon matin,

Sortant de l'hôt. de l'*Aigle* ou de l'hôt. des *Négociants*, suivre à g. la rue *Royale* (Pavé : 3') puis l'avenue de *Chambéry* (Côte : 3') jusqu'à la r. de Rumilly, qui se détache à dr. (**1.4**) sur la r. d'Alby (**11.7**).

La r. de Rumilly gravit une côte très dure, longue de quinze cents m. (20'), pour gagner, au-delà du hameau des Molasses (**0.6**), un plateau fertile et ondulé (Côte : 2'), d'où on a une fort jolie vue en arrière sur les montagnes de la Haute-Savoie.

Montée douce de neuf cents m. en approchant de l'église isolée de Chavanod, située à g. sur un monticule, tandis que le village se trouve sur la dr. à un kil. de distance.

Dans ces parages, à hauteur de la *borne 5.1* et à côté d'une croix, se détache à dr. (**4.5**) le ch. conduisant aux *gorges du Fier*, par Chavanod.

Le cycliste se rendant d'Annecy à Rumilly ne devra pas négliger
d'aller visiter les célèbres **gorges du Fier**; ce détour demande
environ 2 h. 1/2. Le ch. descend jusqu'à Chavanod; à l'entrée de
ce village (**1.5**), à un carrefour orné d'une autre croix, un poteau
indique à dr. la r. des gorges. Celle-ci étant mauvaise, on devra,
quelques m. plus loin, laisser en garde sa machine à la première
ferme qu'on rencontrera à dr. (pourboire : 50 c.).

Suivre à pied (30') la r. rocailleuse des gorges en négligeant
deux petits ch. qui s'éloignent à dr., on descend ainsi vers le vallon
boisé du *Fier*. Parvenu au hameau du Pont-Vert, près d'un café-
restaurant, continuer par le sentier des gorges du Fier, indiqué à dr.
A travers les arbres, les tours du *château de Montrottier* apparaissent sur le revers g. du vallon. Arrivé à une porte située au-dessus
de l'entrée du tunnel du ch. de fer, on n'a plus qu'à descendre des
escaliers précédant l'entrée du *Grand Châlet-restaurant des gorges du
Fier*. Celui-ci est ingénieusement édifié sur un échafaudage de fer
qui le garantit des crues du torrent.

C'est au châlet-restaurant (déjeuner aux truites du Fier, vin non
compris, 4 fr.) qu'on délivre les billets (prix : 1 fr.) pour la visite
des gorges (environ 45'). Une galerie latérale, longue de 260 m.
suspendue à la paroi du rocher, permet de se rendre à l'extrémité
des gorges. En sortant des gorges, un sentier conduit à la *Mer de
rochers*, curieux et étranges amoncellements de rochers, profondé-
ment découpés et creusés par les eaux du Fier.

Des gorges du Fier, on reviendra à Chavanod (10') pour reprendre sa machine et regagner (Côtes : 7' et 3') la r. de Rumilly (**1.5**).

La r. de Rumilly s'élève un moment (1'), puis traverse
successivement deux ravins boisés. Ceux-ci occasionnent
deux descentes rapides, en lacets, suivies d'une première
côte, longue de quatre cents m. (5'), et d'une seconde
longue d'un kil. (15').

Plus loin, la r., laissant à g. (**4.8**) le ch. de Chapeiry
(**4.2**), décrit une courbe gracieuse pour venir passer au-
dessous de l'église de Marcellaz (**0.9**). A partir de ce
point, elle descend rapidement du plateau vers les vallées du *Chéran* et de la *Néphaz*, deux rivières qui se
confondent près de Rumilly.

Successivement, on laisse : à dr. (**2.4**), le ch. d'Hauteville (3.5) et, à g. (**1.5**), celui de Boussy (2.9); ensuite,
après avoir gravi une petite côte (3'), on descend de nouveau vers le passage à niveau de la *ligne d'Aix-les-Bains
à Annecy*.

De l'autre côté de la voie (**1.5**), laissant à dr. l'ancien ch. de Vallières et, à g., le faubourg du *Pont-Neuf*, qui descend dans Rumilly (Ch.-l. de c. — 4.444 hab.), on continuera devant soi par la r. de Vallières.

Nota. — Si on avait l'intention de s'arrêter à Rumilly pour déjeuner, on devra descendre à g. le faubourg du *Pont-Neuf*, et traverser le *Chéran* sur le pont *Saint-Joseph* (belle gorge) ; puis, par les rues du *Pont-Neuf* (Pavé 4') et la *Grande rue*, on gagnera la place de l'Eglise où se trouve situé à g. l'hôt. de la *Poste* (0.4).

La r. de Vallières descend en pente très douce la jolie vallée du Chéran, limitée à g. par la chaîne du *Gros Foug*, montagne qu'on est obligé de contourner dans toute sa longueur pour rejoindre la vallée du Rhône.

Après le pont sur le *Fier* (**1.9** — belle gorge), dont les eaux viennent se confondre, en aval, avec celles du Chéran, se présente une montée de quatre cents m. (3') d'où on aperçoit, à dr., quand le temps est clair, la cime du Mont-Blanc.

A l'extrémité du village de Vallières (**2.1**), quittant la r. de Frangy (15.9), descendre à g. la r. de Sion. Celle-ci traverse (**1**) le torrent de la *Morge*, affluent du Fier, et successivement les villages de Sion (**1.8**) et de Saint-André (**1.9**).

C'est à partir de Saint-André que commence le pittoresque défilé du *val du Fier*, resserré entre deux immenses et hautes montagnes boisées. La r., taillée dans le rocher, s'élève (Côtes : 5' et 3') à une hauteur vertigineuse au-dessus du torrent ; puis descend agréablement pendant deux kil. Elle passe sous deux tunnels et revient au niveau de la rivière, en sortant du défilé qui débouche sur la large vallée du Rhône. A g., pittoresque château construit au sommet d'un promontoire, couvert de bois, qu'on ne tarde pas à contourner.

Parvenu à la r. (**5.1**) de Seyssel (2.8), tourner à g. et traverser le pont sur le Fier. On gravit une côte assez rude, longue d'un kil. (15'), avec vue étendue, à dr., sur le confluent du Fier et du Rhône.

Dépassé le village de Châteaufort (**1.8**), situé sur un petit plateau, on descend doucement ; et, après une légère rampe (Côte : 5'), au milieu de vignobles, on redesrend pour rouler désormais à plat dans la vallée, bornée à dr. par la montagne du *Grand Colombier.*

Successivement on rencontre les villages de Chetraz (4) et de Serrières (1) ; ensuite on côtoie les vastes *prairies de Chautagne.*

Une petite montée (2') précède le hameau du Saumont, au croisement (**3.6**) de la r. de Culoz à Ruflieux (1). Ici, abandonnant la direction de Chindrieux (3.7) et d'Aix-les-Bains (22), on prendra à dr., à l'angle de l'hôt. *Gaudin*, la r. de Culoz.

On traverse la vallée dans toute sa largeur, en descendant légèrement entre des peupliers, au milieu des vertes prairies. La r., obliquant à g., longe des jardins maraîchers puis vient rejoindre (**2.8**) la r. d'Yenne (19.5). Continuant à dr. dans la direction de Culoz, on franchit, trois cents m. plus loin, le Rhône sur un magnifique pont.

De l'autre côté du pont, ayant croisé (**0.8**) la r. de Seyssel (12.8) à Belley (16.4), on traverse le passage à niveau du ch. de fer précédant la montée (3') qui conduit à la place de Culoz (**1.5**), village au pied de la montagne du *Grand Colombier.*

A Culoz, on peut s'arrêter à l'hôt. *Barbier* (dans le village) ; ou bien descendre à la gare du ch. de fer (600 m. de la place) où l'on trouve un bon buffet et, dans le voisinage, l'hôt. *Menson* (recommandé).

DE CULOZ A AMBÉRIEU-GARE

PAR BÉON, TALISSIEU, AMEYZIEU, ARTEMARE, VIRIEU-LE-
GRAND, ROSSILLON, LA BURBANCHE, TENAY, ARGIS,
SAINT-RAMBERT-DE-JOUX, MONTFERRAND, TORCIEU,
BETTANT ET SAINT-DENIS-EN-BUGEY.

Distance : **56** kil. **500** m. *Côtes :* **1** h. **36** min.

Nota. — Route très ondulée présentant de nombreuses montées
et descentes. Côte de Rossillon, longue de deux kil. et demi.

Sur la place de Culoz, ornée d'une fontaine, passant
entre la r. à dr., qui monte vers l'église et le ch., à g., qui
descend à la gare, on continuera vis-à-vis par la r. d'Artemare; petite montée (2'); à dr. le château de Culoz
couronne un rocher.

La r. descend rapidement et passe devant une importante fabrique de tuyaux en terre. On s'éloigne de la vallée
du Rhône pour remonter celle du *Séran*, également très
large et verdoyante de prairies ; tandis qu'à dr. on contourne le pied de la montagne du Grand Colombier.

Côte de cinq cents m. (6'); à g., se détache (**2.3**) le ch.
de Ceyzerieux (2.8); à dr., sur un monticule, apparaît
l'église de Béon d'où dépend le hameau de Luyrieu (**0.6**)
qu'on traverse. Après une nouvelle descente la r. ondule
(Côte : 2') et dépasse successivement Talissieu (**2.2** —
Côte : 3') et Ameyzieu (**1.5**, — Côte : 4'); à dr., à mi-
montagne, le *château de Machuraz* ressemble de loin à
un couvent.

En arrivant au gros village d'Artemare (**1.5**) on rejoint
la ligne du tramway à vapeur de *Virieu-le-Grand à
Ruffieux ;* suivre à g. le tracé de cette ligne. On franchit

le pont sur le Séran, puis on s'élève (Côte : 7'), laissant à dr. un rocher sur lequel a été édifiée une pyramide surmontée d'une statue de la Vierge.

Cinq cents m. plus loin (**1.2**), abandonnant la r. de Saint-Martin-de-Bavel (1.7), on traversera les rails pour prendre à dr. la r. de Virieu-le-Grand. Celle-ci gravit un raidillon, ensuite traverse successivement la ligne de tramway et le passage à niveau du ch. de fer. Après avoir parcouru une région désolée, désert de rochers, où vient aboutir (**1.8**) le ch. de Champdossin (2), on pénètre dans un défilé aride précédant l'arrivée au passage à niveau de la station de Virieu-le-Grand (**2.1** — Ch.-l. de c. — 1.189 hab. — Hôt. des *Voyageurs*).

Ici, traverser la voie ferrée, à dr., et suivre l'avenue de platanes. Après la place, la r. franchit le ruisseau de l'*Arène* ; puis, obliquant à g. (Côte : 2'), passe devant l'église de Virieu-le-Grand.

On parcourt un joli vallon (Côtes : 3' et 3') laissant à g. trois petits lacs ainsi que la r. (**3.8**) de Belley (9.5). Au delà du pont voisin sur le *Furans*, commence une longue rampe de deux kil. et demi (25') menant en vue du village de Cheignieu-Labalme, dans une situation pittoresque sur la rive g. du Furans ; ensuite, avant traversé la ligne du ch. de fer, on entre (**4.3**) dans Rossillon, au pied d'un rocher surmonté d'une statue de la Vierge.

La r. ondule en remontant (Côtes : 2', 1', 2' et 2') la vallée du Furans. Celle-ci, très aride et bordée de hautes montagnes pelées, prend souvent l'aspect d'une gorge sauvage.

Dépassé La Burbanche (**3.5**), on aborde une rampe d'un kil. (10'), assez douce, puis on roule au pied d'une immense paroi de rocher taillée à pic. Un kil. et demi plus loin, un chaos de rochers et de pierres rappelle l'éboulement d'une partie de la montagne de g. survenu en 1896.

La r. franchit de nouveau la voie et, continuant assez monotone, côtoie des marais dans le voisinage du hameau des Hôpitaux (**3.6**). Après une descente et deux côtes (4' et 2'), on atteint le point culminant de ces parages désolés, ensuite on descend vers le gros village industriel de Tenay.

Dans Tenay (**6.5** — Hôt. *Pittion*), on traverse l'*Albarine*, rivière dont on descendra la riante vallée jusqu'à Ambérieu. De l'autre côté du pont, laisser à dr. la r. de Hauteville (11.5), et suivre la r. vis-à-vis.

La r. d'Ambérieu descend à Argis (**2.4**) et, après deux petites côtes (2' et 2'), passe au hameau du moulin du Poirier (**3**), où elle franchit un ruisseau, affluent de l'Albarine.

On traverse ensuite Saint-Rambert-de-Joux (**2.1** — Ch.-l. de c. — 3.765 hab. — Hôt. du *Bugey*), autre localité industrielle, par la *Grande-Rue*, le quai de l'*Albarine* et l'avenue des *Cités*.

La r., qui présente plusieurs raidillons (1', 1' et 2'), laisse à g. (**2**) le ch. de Conand (7), puis passe au village de Montferrand (**2**), où se détache à g. le ch. de Clezieu (5.5); côte (8'). A dr., cime de rocher étrangement découpé; on descend vers Torcieu.

A l'extrémité de ce village (**2.5**), abandonnant la r. d'Ambérieu (4.8), localité sans intérêt et offrant peu de ressources, on prendra à g. le ch. de Saint-Denis-en-Bugey. Celui-ci, plat, traverse en biais la vallée et va passer sur la rive g. de la rivière, au village de Bettant (**3.5**), divisé en trois agglomérations. Petite descente en arrivant à Saint-Denis-en-Bugey (**2.7**).

Ici, tourner sur la r., à dr., traverser le passage à niveau de la *ligne de Lyon à Culoz* et, sitôt après le pont sur l'Albarine (**0.6**), suivre à dr. le ch. conduisant à la gare d'Ambérieu (**0.8**). S'arrêter pour coucher à l'hôt. de la *Gare*, après avoir dîné au buffet de la gare.

D'AMBÉRIEU-GARE A LYON

PAR SAINT-DENIS-EN-BUGEY, LAGNIEU, LA BALME, AMBLÉRIEU, SAINT-ÉTIENNE-D'HIÈRES, PASSIEU, PONT-DE-CHÉRUY, CHARVIEU, JANNEYRIAS, PUSIGNAN, MEYZIEUX, DÉCINES ET LES MAISONS-NEUVES.

Distance : **60** kil. **400** m. *Côtes :* **48** min.
Pavé : **30** min.

Nota. — Excellente route ; côtes peu sérieuses ; en grande partie plaine.

Avoir soin de quitter Ambérieu-gare de bon matin afin de pouvoir visiter la grotte de La Balme avant le déjeuner.

De l'hôt. de la *Gare* revenir à Saint-Denis-en-Bugey (**1.4**). Parvenu sur la place de ce village, ornée d'une fontaine (**0.2**), on laissera devant soi la direction de Lyon (**44**), par Meximieux (9) et Montluel (13), et on tournera à g. sur la r. de Lagnieu ; petite côte (**4'**).

Cette r., tracée en ligne droite, ondule légèrement en plaine. Elle suit, à g., la base des montagnes de l'Ain dont un des promontoires avancés porte le massif donjon connu sous le nom de *tour Saint-Denis*.

Arrivé à Lagnieu (**5.4** — Ch.-l. de c. — 2.488 hab.), on abandonnera la r., qui tourne à g., pour traverser toute la localité par l'étroite rue descendant devant soi. Dépassé la place de l'église, à la bifurcation, continuer à dr. La rue débouche vis-à-vis la r. qu'on doit suivre conduisant au magnifique pont de Lagnieu (**2.6**), suspendu au-dessus du *Rhône*.

De l'autre côté du pont, une rampe douce mène à l'*embranchement de Vertrieu* (**1.4**) ; à g. apparaît la montagne boisée de Saint-Serverin, tandis qu'à dr. on aperçoit, sur une hauteur, la blanche construction du *château de Ruffieux*.

Dans le village de La Balme on sera obligé de s'arrêter à l'hôt. *Gallay* (**2.3** — Déjeuner, 3 fr.) dont le propriétaire est fermier de la grotte (prix d'entrée : 2 fr. Guide nécessaire : 1 fr. 50. Blouse spéciale pour la visite : 0 fr. 50 Feu de bengale, chaque : 1 fr. Durée de la visite, environ 2 h. 1/4).

La grotte de La Balme, une des *sept merveilles* du Dauphiné, est sans contredit une des plus remarquables de la France. Elle s'ouvre dans le voisinage presque immédiat du village et présente, à sa majestueuse entrée, une curieuse chapelle élevée au-dessus d'un ancien temple romain. L'accès des diverses galeries de la grotte, très intéressante à parcourir, est facilité par des marches ou des échelles. A l'époque des basses eaux on peut circuler, en bateau, sur une rivière souterraine longue de 200 m. menant à l'extrémité de l'une des cavernes.

La r. du Pont-de-Chéruy, tracée au pied des dernières montagnes de l'Isère, en bordure de la vaste plaine qu'arrosent le *Rhône* et l'*Ain*, à dr., présente deux petites côtes (2' et 3'). Elle laisse à dr. le hameau d'Amblérieu (**2**) où subsistent les restes d'un ancien château.

Plus loin, s'écartant des montagnes, on se rapproche du Rhône, et, par deux montées (7' et 8'), on atteint Saint-Étienne-d'Hières (**6**). Au delà de ce village la r. se déroule en plaine.

Parvenu à la *bifurcation de Vernas* (**3.5**), laissant à g. la r. de Bourgoin (25), par Crémieu (5.5), on continuera à dr. dans la direction de Lyon.

Nota. — Le cycliste ne craignant pas un parcours supplémentaire de six kil. devra faire le détour par Crémieu, ville très curieuse à visiter. On pourra y coucher, au besoin, s'il était trop tard pour arriver le soir même à Lyon.

La r. de Crémieu se dirige vers Leyrieu (**1.5**) ; puis, se rapprochant du *mont d'Annoisin* (Côte : 15'), passe entre le hameau de Sainte-Marie-de-Tortas (**2**), à g., et celui de Certaux (**0.5**), à dr.

Dans **Crémieu** (**1.5** — Ch.-l. de c. — 1.691 hab.), déposer sa machine à l'hôt. de la *Chaîte* et visiter la ville (Ancienne enceinte. — Portes crénelées de Lyon et Neuve. — Tour de l'Horloge. — Église paroissiale. — Vieilles maisons).

Sortant de Crémieu par la *porte de Lyon* et l'avenue de la *Gare*, lorsqu'on sera arrivé en vue de la station (**1**), ne pas traverser la *ligne de Lyon à Chambéry*, mais prendre à dr. la r. du Pont-de-

Chéruy. Au hameau de la Maison-Guichard (3), on laisse à dr. le ch. de Passieu (1.2) pour obliquer à g. et aller regagner (2) la r. de Lyon seize cents m. avant le Pont-de-Chéruy.

Dans Passieu (3.4), on coupe le ch. de Crémieu (5) à Loyettes (2.5) ; petite montée (2'). Plus loin, on rejoint (1.8) une autre r. venant de Crémieu (6 — *V.* ci-dessus) et à l'entrée du gros village du Pont-de-Chéruy (1.6 — Hôt. de *Lyon*), celle de Bourgoin (22).

Entre le Pont-de-Chéruy, où on franchit la rivière de la *Bourbre*, et Janneyrias, la contrée s'accidente légèrement. Une montée (5'), suivie d'un raidillon (1'), précède Charvieu (1.8) ; puis, après une descente pour traverser le ch. de fer, on côtoie des prés jusqu'à la côte (8') menant au long village de Janneyrias (.4).

La plaine recommence. Successivement on dépasse l'interminable Pusignan (3.5), ensuite Meyzieux (5.5 — Ch.-l. de c. — 1.119 hab.). Une dernière côte (8'), suivie d'une descente (à g., le café-restaurant *Bellevue*), mène à Décines (3.2). Six cents m. plus loin, on franchit le passage à niveau voisin de la station.

Peu à peu les habitations se rapprochent ; dans le lointain, vers la dr., apparaît la ville de Lyon avec sa haute colline de la Croix-Rousse, couverte de maisons ; descente en pente très douce.

Dépassé la ceinture de murs (4.2) qui relie les forts défendant la partie Est de la ville, on entre dans Lyon par le long faubourg des *Maisons-Neuves*. Ici, faire attention au tramway, dont on suivra la ligne, à dr., sur le cours de *Villeurbanne*. Après deux passages à niveau (4), le pavé (30') commence avec la rue du *Château* conduisant au cours *Gambetta*.

Le cours Gambetta coupe les places de l'*Abondance*, *Vendôme* et du *Pont* pour aboutir au pont de la *Guillotière* sur lequel on traverse le Rhône.

De l'autre côté du pont, suivre à dr. le quai de l'*Hôpital* et, ayant dépassé le pont suspendu de l'*Hôtel-Dieu*, s'arrêter au *Grand-Hôtel des Négociants*, situé sur le quai au n° 11 (2.6).

www.ingramcontent.com/pod-product-compliance
Lightning Source LLC
Chambersburg PA
CBHW072058090426
42739CB00012B/2811